Jo-Jo

W0056896

Mathematik 2

Arbeitsheft
Fördern

Herausgegeben von
Dr. Andrea Schulz

Erarbeitet von
Dr. Lorenz Huck
Jana Köppen
Dr. Andrea Schulz

Cornelsen

Inhaltsverzeichnis

Besuch im Polarium

10
0	10
1	9
2	__
3	__
4	__

10
5	5
6	__
7	__
8	__
9	__

2 3 __ __ __ 10 __ __ __ 20

$10 + 1 =$ ____
$10 + 3 =$ ____
$10 + 5 =$ ____
$10 + 7 =$ ____

$13 - 3 =$ ____
$14 - 4 =$ ____
$15 - 5 =$ ____
$16 - 6 =$ ____

2 1 __ __ __ 10 __ __ __

20 19 __

$2 + 2 =$ __
$3 + 3 =$ __
$4 + 4 =$ __
$5 + 5 =$ __

$6 - 3 =$ __
$8 - 4 =$ __
$10 - 5 =$ __
$12 - 6 =$ __

Bei Bedarf mit Material arbeiten (Zwanzigertafel und Zwanzigerfeld); Verdoppeln/Halbieren
wiederholen; bewusst machen, dass man das Ergebnis einer Aufgabe „10 plus einstellige Zahl"
weiß und nicht zählen/rechnen muss; ebenso bei den Umkehraufgaben

Übungen zum Addieren und Subtrahieren

1 Male und rechne.

a)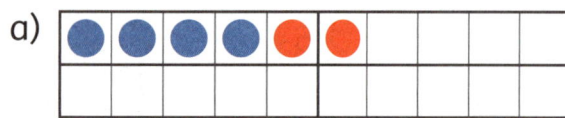

4 + 2 = __

b)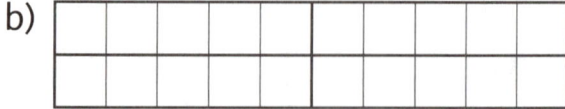

5 + 3 = __

c)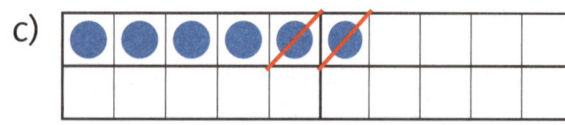

6 − 2 = __

d)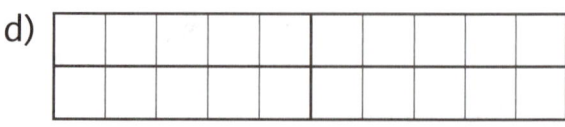

8 − 3 = __

2
a) 6 + 2 = __

7 + 2 = __

4 + 3 = __

6 + 3 = __

b) 5 − 3 = __

7 − 3 = __

5 − 4 = __

8 − 5 = __

c) 6 − 4 = __

8 − 2 = __

4 − 3 = __

7 − 4 = __

3
a) 10 + 2 = ____

10 + 4 = ____

10 + 6 = ____

10 + 8 = ____

b) 8 + __ = 10

7 + __ = 10

6 + __ = 10

5 + __ = 10

c) 13 = 10 + __

15 = 10 + __

17 = 10 + __

19 = 10 + __

4 Kleine Aufgabe – große Aufgabe. Male und rechne.

3 + 2 = __	15 − 2 = ____	14 + 3 = ____	6 + 2 = __
4 + 3 = __	13 + 2 = ____	16 + 2 = ____	6 − 3 = __
5 − 2 = __	19 − 4 = ____	16 − 3 = ____	9 − 4 = __

Bei Bedarf mit Material arbeiten; Darstellungen und Vorgehen für Addition und Subtraktion im Zwanzigerfeld wiederholen; Strategie „Kleine Aufgabe – große Aufgabe" thematisieren

5 Male und rechne.

a)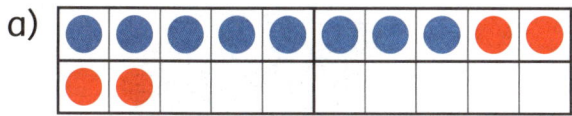

$$8 + 4 = \rule{1cm}{0.15mm}$$

b)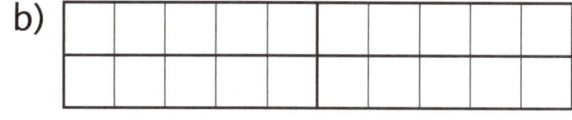

$$9 + 4 = \rule{1cm}{0.15mm}$$

c)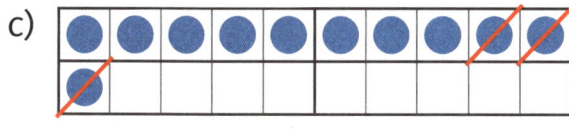

$$11 - 3 = \rule{0.6cm}{0.15mm}$$

d)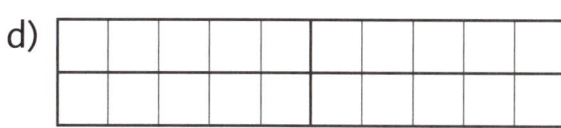

$$12 - 3 = \rule{0.6cm}{0.15mm}$$

6

a) $6 + 6 = \rule{1cm}{0.15mm}$

$7 + 7 = \rule{1cm}{0.15mm}$

$8 + 4 = \rule{1cm}{0.15mm}$

$9 + 4 = \rule{1cm}{0.15mm}$

b) $11 - 3 = \rule{0.6cm}{0.15mm}$

$12 - 3 = \rule{0.6cm}{0.15mm}$

$13 - 4 = \rule{0.6cm}{0.15mm}$

$14 - 5 = \rule{0.6cm}{0.15mm}$

c) $14 - 7 = \rule{0.6cm}{0.15mm}$

$16 - 8 = \rule{0.6cm}{0.15mm}$

$18 - 9 = \rule{0.6cm}{0.15mm}$

$20 - 10 = \rule{1cm}{0.15mm}$

7

6 + 2 = 8

a)

+	2	3	4
6	8		
7			
8			

b)

−	2	3	4
10			
12			
14			

8 a)

b)

c)

9 Schreibe deine Lieblingsaufgaben auf.

_____ _____ _____

Strategie „Zur 10 und dann weiter" mit Material wiederholen und dazu sprechen
7 Arbeiten mit Tabellen wiederholen: Denk- und Schreibweise 8 Zahlenmauern bei Bedarf
mit Zahlenkarten legen 9 Lieblingsaufgaben erklären und vorrechnen

5

Schätzen und zählen

1 Wie viele könnten es sein? Schätze, zähle und verbinde.

| 10 | 20 | 30 | 40 |

2 Wie viele Punkte sind es? Schätze zuerst. Zähle dann.

a)
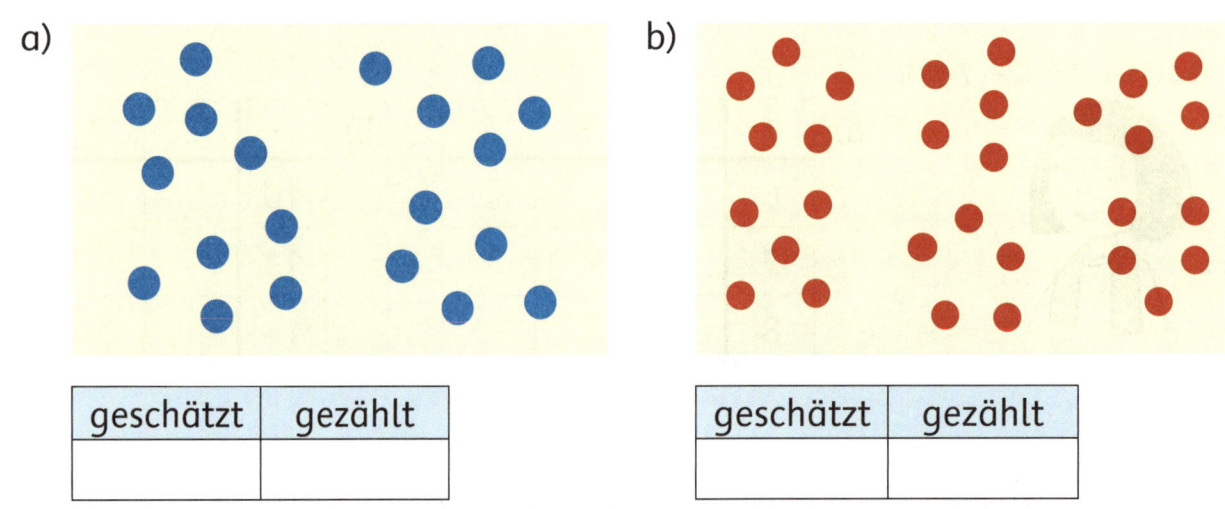

geschätzt	gezählt

b)

geschätzt	gezählt

3 Wie viele Leckerlis hat Jojo?
Schätze zuerst. Zähle dann.

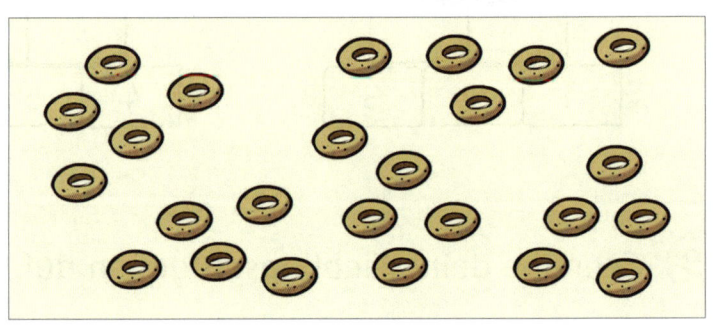

geschätzt: _____   gezählt: _____

Darauf achten, dass immer zuerst geschätzt wird; Vorgehensweise beim Schätzen erklären;
Zählstrategien thematisieren: Umfahren oder Durchstreichen der schon gezählten Mengen,
dabei Strukturen erkennen und nutzen (5er-, 10er-Bündelung)

Hunderterfeld und Zehnerzahlen

1 Wie viele Punkte sind zu sehen, wie viele sind abgedeckt?

a)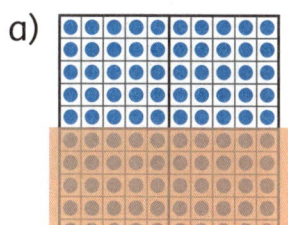

b)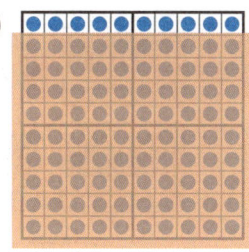

c)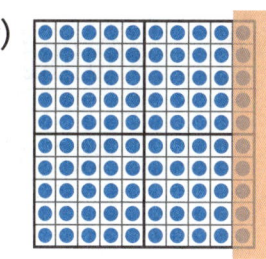

zu sehen: ____   zu sehen: ____   zu sehen: ____

abgedeckt: ____   abgedeckt: ____   abgedeckt: ____

2 Wie viele Punkte sind es? Verbinde.

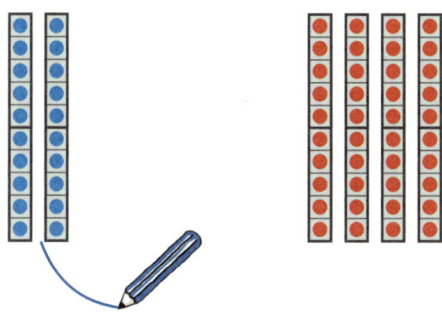

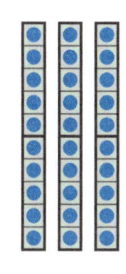

| 40 | 20 | 50 | 30 |

3 Vergleiche. Setze < oder > ein.

a)  2 ◯ 5

b)  6 ◯ 3

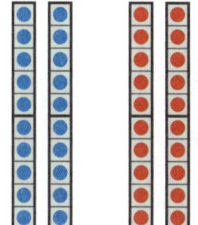 20 ◯ 50

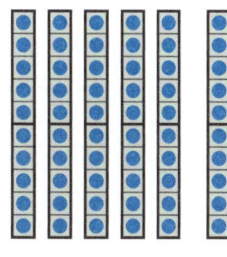 60 ◯ 30

4 Ordne. Beginne mit der kleinsten Zahl.

| 90 | 20 | ~~10~~ | 40 | 70 |

10 ____ < ____ < ____ < ____ < ____

1 Weitere Übungen an einem Hunderterfeld vornehmen, Anzahlen zeigen (Kardinalzahlaspekt)
2 und 3 Anzahlen mit Zehnerstreifen legen; Analogien zum Zehnerraum nutzen
4 Bei Bedarf mit Material arbeiten: (An-)Zahlen vor dem Ordnen legen und vergleichen

7

Zehner und Einer

1 Wie viele Stifte sind es? Notiere in die Stellentafel.

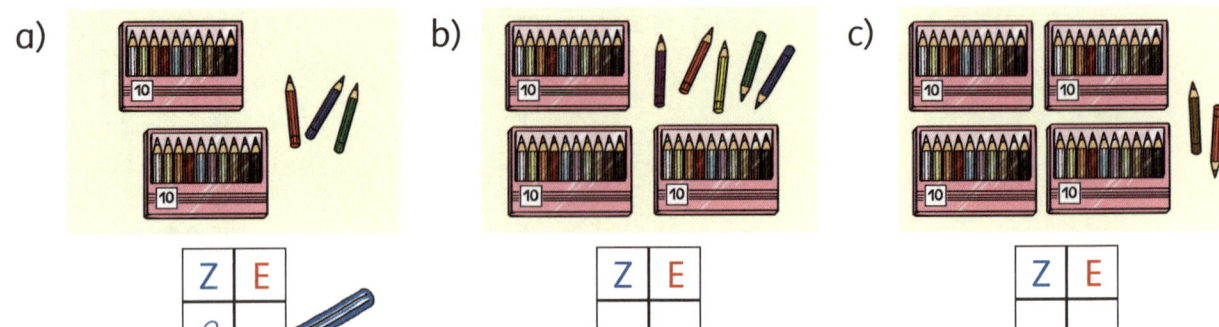

a)

Z	E
2	

b)

Z	E

c)

Z	E

2 Wie viele Punkte sind es? Notiere in die Stellentafel.

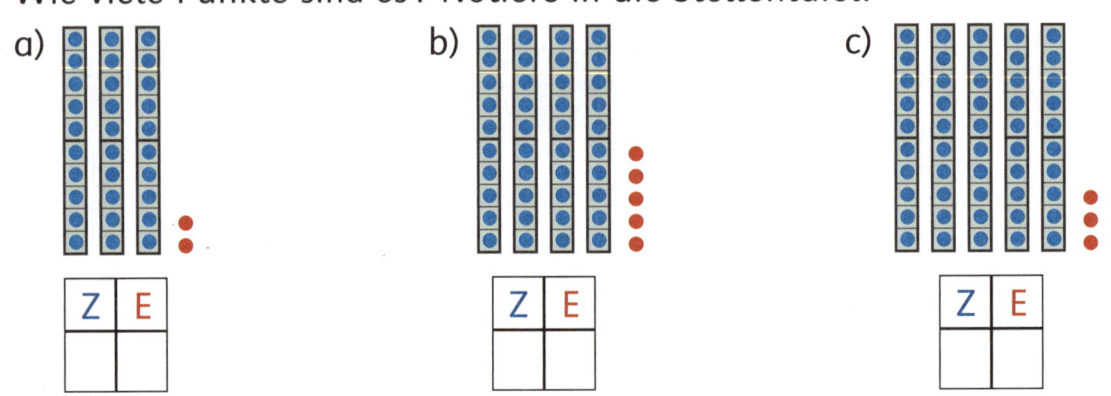

a)

Z	E

b)

Z	E

c)

Z	E

3 Immer 4 Karten gehören zusammen. Verbinde.

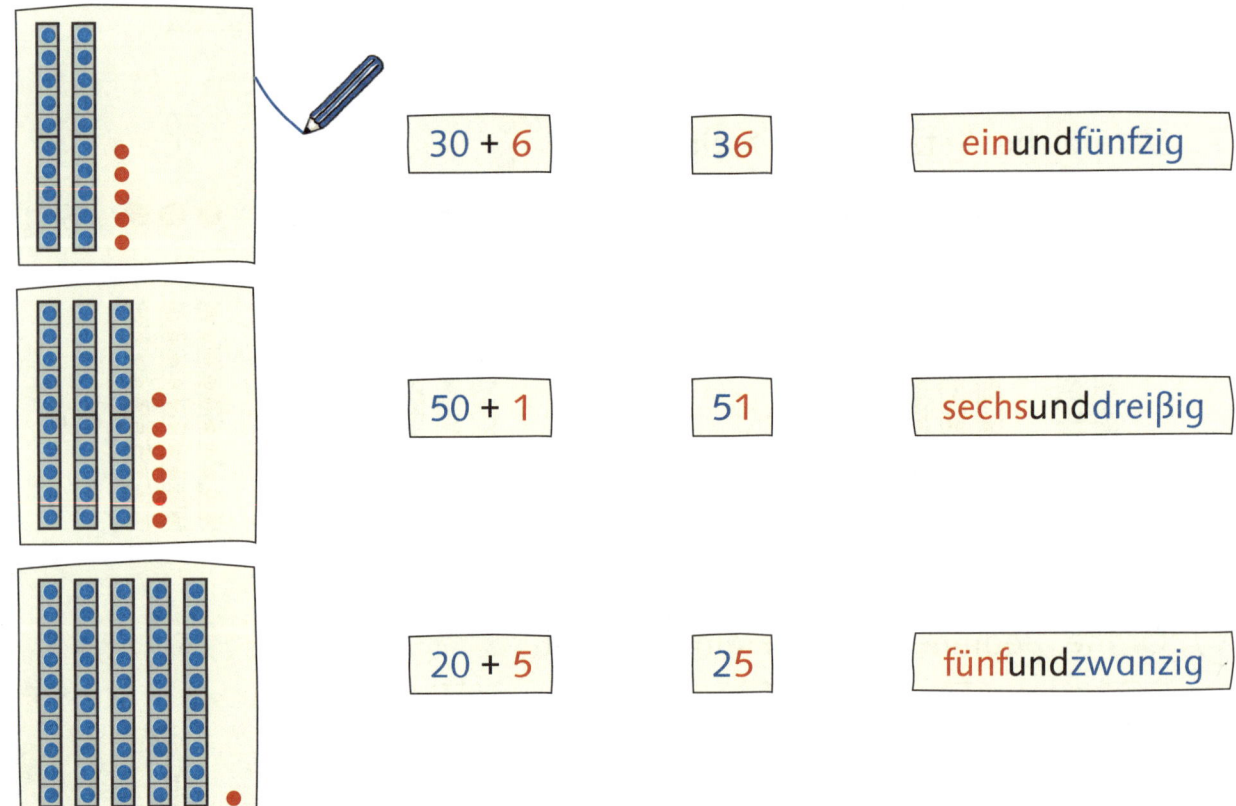

30 + 6	36	einundfünfzig
50 + 1	51	sechsunddreißig
20 + 5	25	fünfundzwanzig

Zehnerbündelung entdecken; Zahlwortbildung verstehen – Zahlwörter für beliebige
zweistellige Zahlen sind aus drei Wörtern zusammengesetzt: „Einer" „und" „Zehner";
Partnerübung: Zahlwörter bilden und die entsprechende Zahl aufschreiben und umgekehrt

Zahlbilder

1 Verbinde.

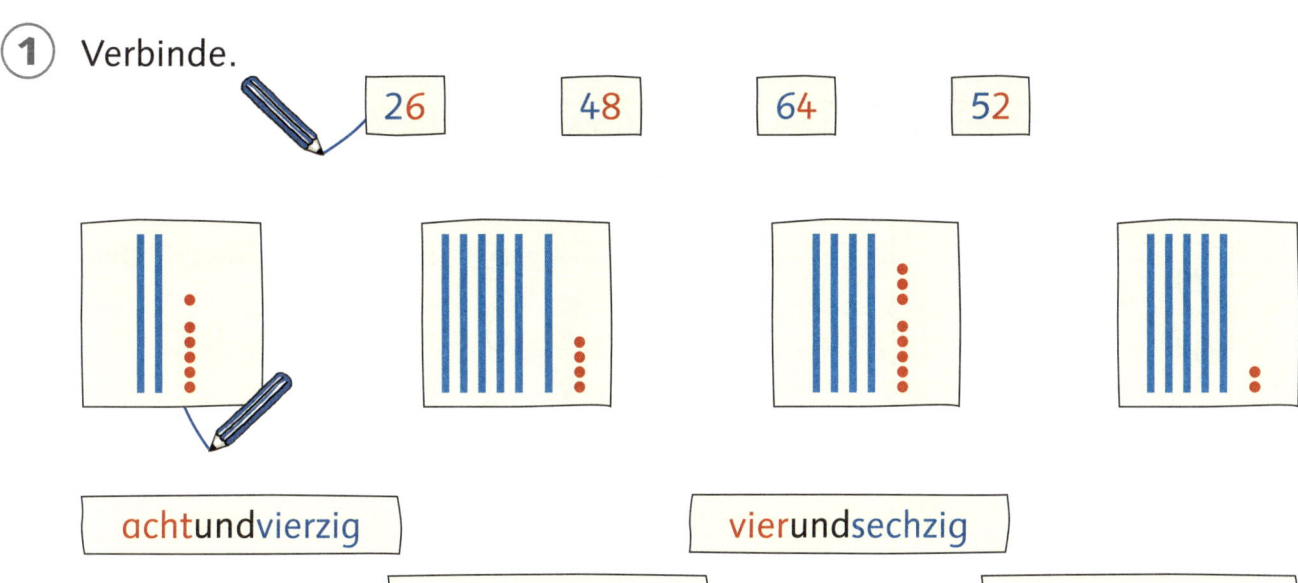

2 Schreibe die Zahlen zu den Zahlbildern.

a)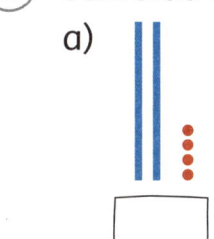

b)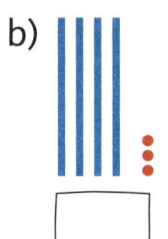

c)

3 Zeichne die Zahlbilder.

a) 35

b) 56

c) 72

4 Schreibe die Zahlen auf. Vergleiche. Setze <, > oder = ein.

a)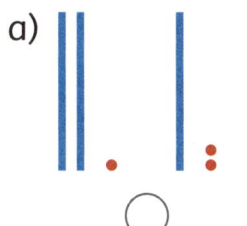

b)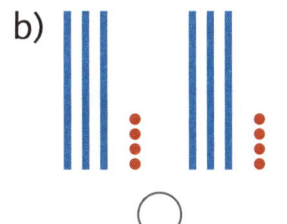

c)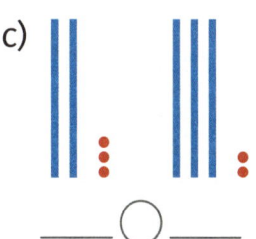

5 Würfel zweistellige Zahlen. Zeichne die Zahlbilder.

Alle Zahlen mit Material legen (Zehnerstreifen und einzelne Plättchen), davon die Zahlbilder
ableiten; weitere Übung: mit zwei Zahlenwürfeln oder Zahlenkarten beliebige zweistellige
Zahlen bilden, diese aufschreiben und das Zahlbild zeichnen

9

Die Hundertertafel

1 Trage ein.

1	2	3	4	5	6	7	8	9	10
11									
21									
31									
41									
51									
61									
71									
81									
91									100

a) alle Zehnerzahlen in die blaue Spalte

b) alle Zahlen von 51 bis 60

c) alle Zahlen von 91 bis 100

d) alle Zahlen in die roten Felder

2 Setze fort.

a) 2, 12, 22, ____, ____, ____, ____, ____, ____, ____

b) 9, 19, 29, ____, ____, ____, ____, ____, ____, ____

3 Ergänze die fehlenden Zahlen in den Ausschnitten.

a)
~~35~~   44   46   55

34	35	36
	45	
54		56

b)
42   51   53   62

41		43
	52	
61		63

4 Ergänze die fehlenden Zahlen.

a)

5 / 15

b)

36

c)

62

1 und 2 Aufbau der Hundertertafel entdecken: Wie sind die Zahlen angeordnet, wo steht welche Zahl? (Ordinalzahlaspekt) 3 und 4 Ausschnitte aus der Hundertertafel herstellen und entdecken; Strukturen zum Eintragen von Zahlen nutzen

Der Zahlenstrahl

1 Trage die Zahlen am Zahlenstrahl ein.

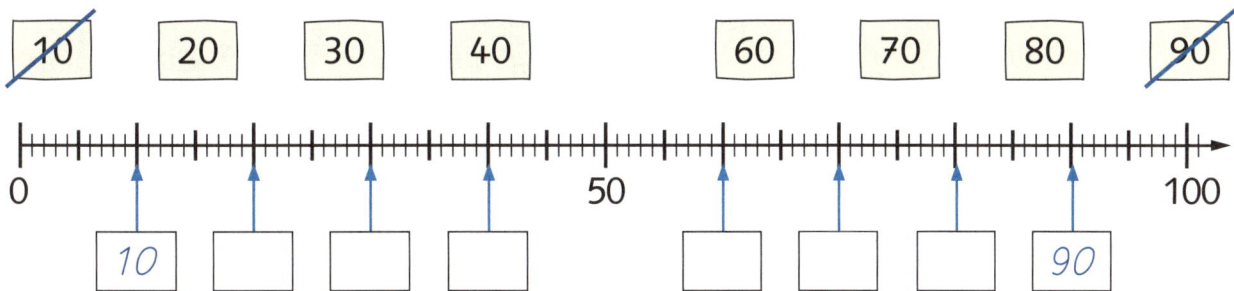

| ~~10~~ | 20 | 30 | 40 | | 60 | 70 | 80 | ~~90~~ |

0   50   100

| *10* | | | | | | | *90* |

2 Verbinde.

| 15 | 21 | 46 | 65 | 78 | 95 |

0   10   20   30   40   50   60   70   80   90   100

3 Wo ungefähr liegen die Zahlen ~~50~~, 25, 75, 1, 99?
Trage ein.

0   *50*   100

4 Ergänze. Nutze den Zahlenstrahl.

0   10   20   30   40   50   60   70   80   90   100

25 liegt
zwischen
20 und 30.

Nachbar-zehner	Zahl	Nachbar-zehner
20	25	*30*
	45	
	52	
	76	

5 Bastelt einen Zahlenstrahl und legt Zahlenkarten passend an.

Anordnung der Zahlen am Zahlenstrahl entdecken, Beziehungen herstellen (Abstand
zwischen den Zehnerzahlen ist gleich groß) (Maßzahlaspekt) **3** Auch eigenen Zahlenstrahl
mit Papierstreifen oder Schnur legen und Zahlenkarten richtig anordnen

11

Euro und Cent

1 Wie viel Euro sind es?

a)

_____ €

b)

_____ €

c)

_____ €

2 Wie viel Cent sind es?

a)

_____ ct

b)

_____ ct

c)

_____ ct

3 Lege mit Rechengeld. Zeichne zwei Möglichkeiten auf.

23 ct

23 ct

4

40€

5€

20€

a) Frau Mai kauft

Wie viel muss sie bezahlen?

Sie bezahlt _____ €.

b) Herr Peter kauft

Er gibt

Wie viel Geld bekommt er zurück?

Er bekommt _____ € zurück.

5  Spielt einkaufen.

1 und 2 Beträge mit Rechengeld legen **3** Verschiedene Möglichkeiten mit Rechengeld probieren, Münzen vereinfacht zeichnen (Kreis mit Zahl) **4** Einkaufen spielen, passend mit Rechengeld bezahlen oder einfache Rückbeträge thematisieren

Wiederholung

1 Wie viele Punkte sind es? Schätze zuerst. Zähle dann.

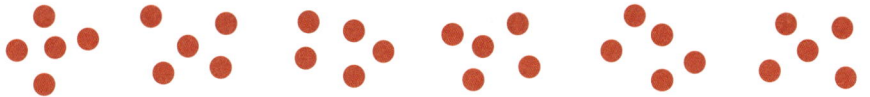

geschätzt: _____
gezählt: _____

2 Wie viele sind es? Notiere in die Stellentafel.

a)
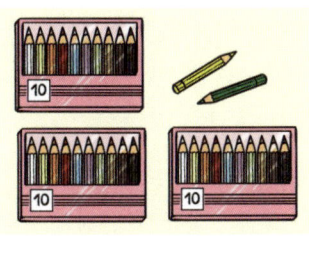

Z	E

b)
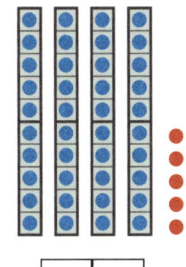

Z	E

c)
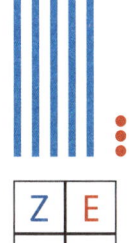

Z	E

3 Schreibe die Zahlen auf. Vergleiche. Setze <, > oder = ein.

a)
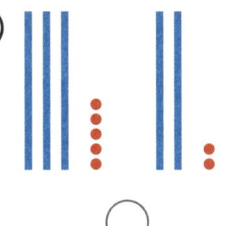

____ ◯ ____

b)
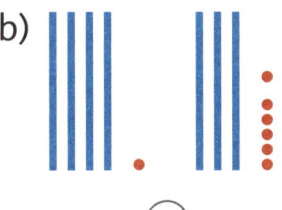

____ ◯ ____

c)
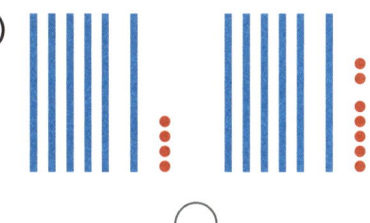

____ ◯ ____

4 Ergänze die fehlenden Zahlen.

a)

~~13~~   22
24   33

12	*13*	14
	23	
32		34

b)

29   38
40   49

28		30
	39	
48		50

5 Wie viel Geld ist es?

a)

____ €

b)

____ ct

Diese Seite als Diagnoseinstrument einsetzen und selbstständig bearbeiten lassen,
danach Lösungen erklären lassen.

13

Würfel, Quader, Zylinder und Kugel

(1) Kreise die Körperformen ein.

Würfel: blau   Quader: grün   Zylinder: gelb   Kugel: rot

(2) Hier wurden Körper durchgeschnitten. Welche 2 Teile gehören zusammen? Kreise ein.

Würfel: blau   Zylinder: gelb   Kugel: rot

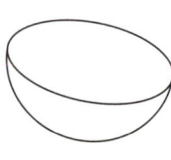 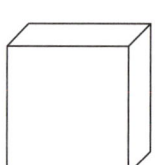 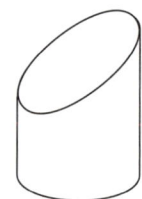

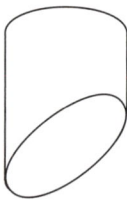 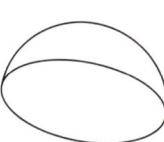 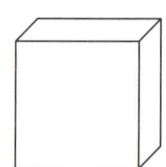

(3) Suche Gegenstände zu den Körperformen.

2 Körper aus Knete formen und Körperschnitte durchführen
3 Körperformen in der Umwelt identifizieren

Ansichten von Körpern

1 Betrachte die Körper.

Würfel   Kugel   Quader

a) Welcher Körper wurde von vorn gezeichnet? Male an.

b) Welcher Körper wurde von oben gezeichnet? Male an.

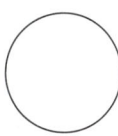

2 Die Bauwerke wurden von verschiedenen Seiten betrachtet. Male an.

a)

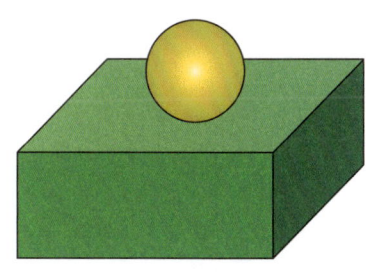 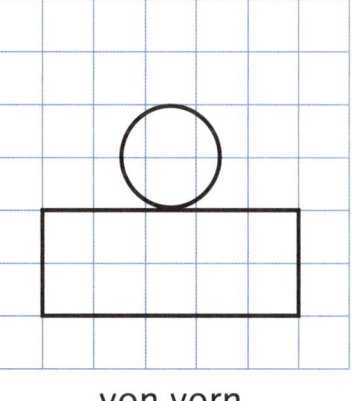

von vorn   von oben

b)

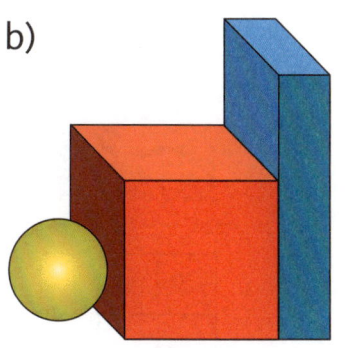

von vorn   von oben

1 Körpermodelle genau betrachten; Draufsicht: Körpermodell auf Boden platzieren, Kind betrachtet von oben; Ansicht von vorn: Körpermodell auf Tisch platzieren, Kind betrachtet aus der Hocke, sodass die Blickachse auf Höhe der Tischkante ist

15

Würfelgebäude

(1) Lara hat mit Würfeln gebaut. Wie viele Würfel sind es?

a)

b)

c)

_____ Würfel   _____ Würfel   _____ Würfel

(2) Simon hat zu den Gebäuden Baupläne gezeichnet. Verbinde.

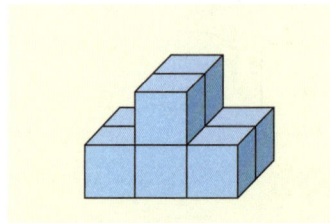

2	3
1	1

1	1
2	1

1	2	1
1	2	1

(3) Ergänze die Baupläne zu den Würfelgebäuden.

a)

2	1

b)

3	

c)

1		

Würfelbauten mit Würfeln nachbauen; Partnerübungen: ein Kind baut einen einfachen Würfelbau, ein anderes zeichnet den passenden Bauplan oder die Kinder „ziehen" Baupläne aus einer Sammlung der Klasse und bauen die Würfelbauten dazu

Addieren und subtrahieren von Einern ohne Zehnerübergang (ZÜ)

1 Schreibe die Aufgaben zu den Zahlbildern.

a)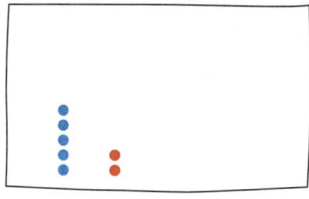

5 + 2 = __

b)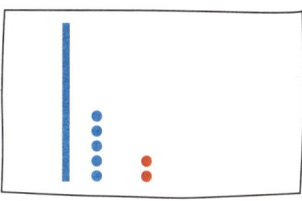

15 + 2 = ____

c)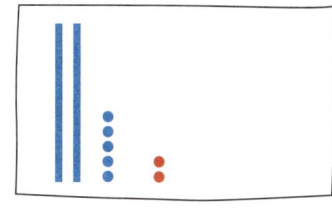

25 + 2 = ____

d)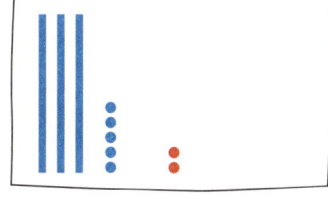

35 + __ = ____

e)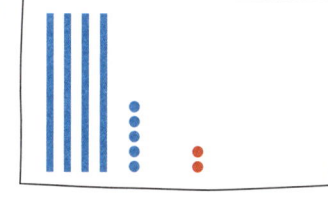

____ + __ = ____

2 Zeichne die Zahlbilder und löse die Aufgaben.

a)

4 + 2 = ____

b)

14 + 2 = ____

c)

24 + 2 = ____

3 Schreibe die Aufgaben zu den Zahlbildern.

a)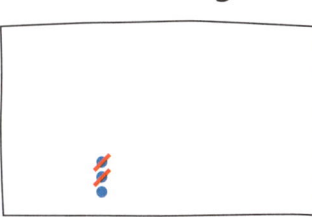

3 – 2 = ____

b)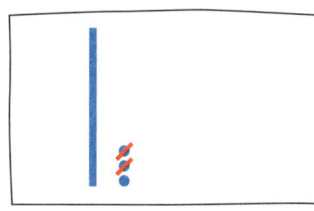

13 – __ = ____

c)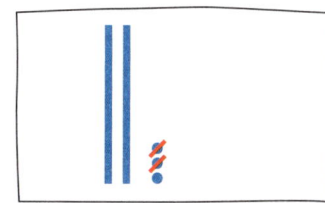

____ – __ = ____

4 Kleine Aufgabe – große Aufgabe. Male und rechne.

5 + 1 = ____	6 – 1 = ____	23 + 3 = ____	25 + 1 = ____
26 – 1 = ____	37 – 2 = ____	6 + 2 = ____	3 + 3 = ____
4 – 3 = ____	46 + 2 = ____	7 – 2 = ____	34 – 3 = ____

Strategie „Kleine Aufgabe – große Aufgabe" thematisieren und Kenntnisse aus dem Zehner- und Zwanzigerraum bewusst in den Hunderterraum übertragen; weitere Sortierübungen mit vorbereiteten Aufgabenkarten durchführen

17

Addieren von Einern mit Zehnerübergang (ZÜ)

1

19 + 6

10

Erst
19 + 1 = 20!

Dann
20 + 5!

19 + 6 = _____

2 Lege und rechne.

a)

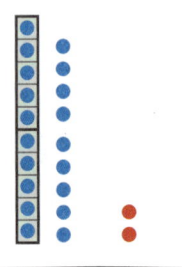

19 + 2 = _____

b)

19 + 3 = _____

c)

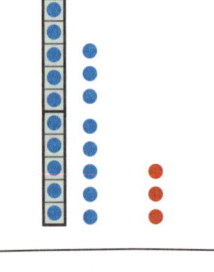

18 + 3 = _____

d)

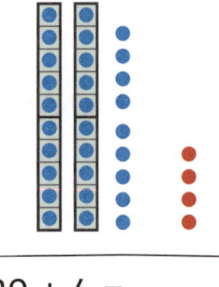

29 + 4 = _____

3 Löse mit Zahlbildern.

a)

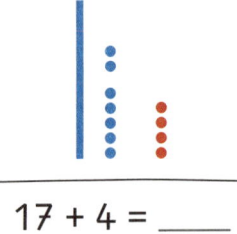

17 + 4 = _____

b)

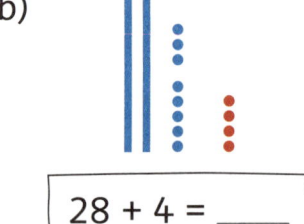

28 + 4 = _____

4  Schreibe weitere Plusaufgaben mit Zehnerübergang. Löse sie.

2 Alle Aufgaben, wie in 1 gezeigt, legen und dazu sprechen; noch nicht selbst zeichnen, Rechenwege nicht notieren; bewusst machen, dass man im *zweiten* Schritt das Ergebnis weiß, nicht zählen/rechnen muss; besprechen, was „Zehnerübergang" heißt

Subtrahieren von Einern mit Zehnerübergang (ZÜ)

(1)

23 – 4

10

Erst
23 – 3 = 20!

Dann
20 – 1!

23 – 4 = _____

(2) Lege und rechne.

a)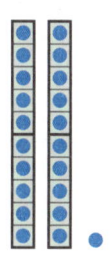

21 – 2 = _____

b)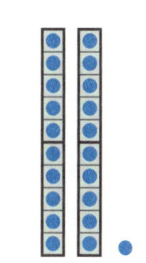

21 – 3 = _____

c)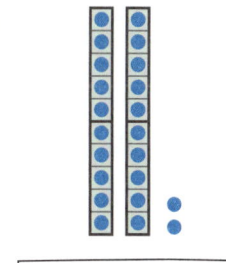

22 – 3 = _____

d)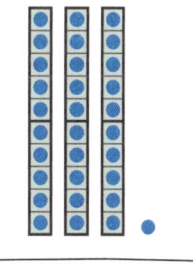

31 – 4 = _____

(3) Löse mit Zahlbildern.

a)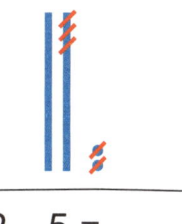

22 – 5 = _____

b)

32 – 4 = _____

(4) Schreibe weitere Minusaufgaben mit Zehnerübergang. Löse sie.

2 Alle Aufgaben, wie in 1 gezeigt, legen und dazu sprechen; noch nicht selbst zeichnen,
Rechenwege nicht notieren; bewusst machen, dass man im *ersten* Schritt das Ergebnis weiß,
nicht zählen/rechnen muss **3b** Zahlbild ergänzen: 4 abstreichen

Sachrechnen mit Geld

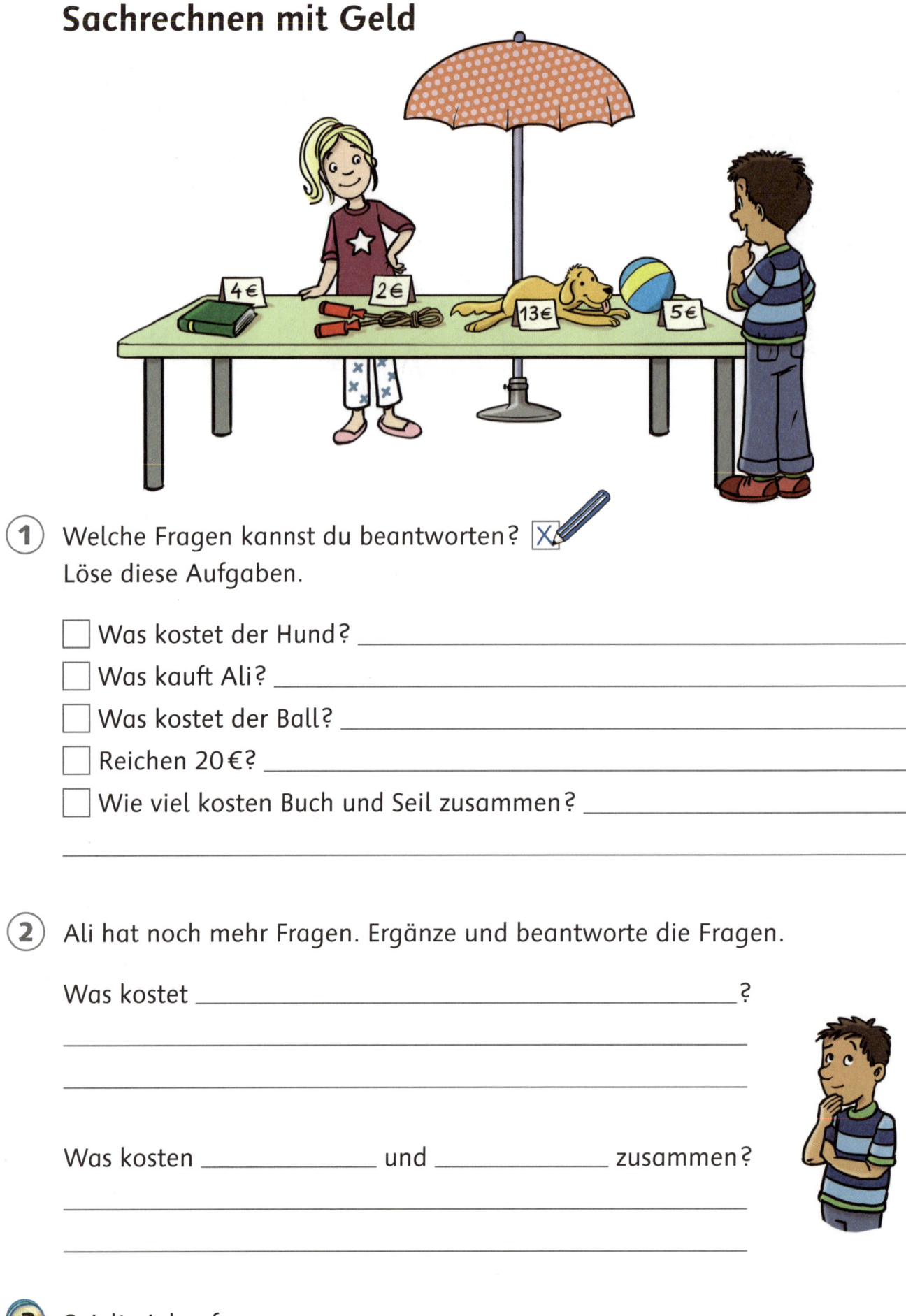

1 Welche Fragen kannst du beantworten? ☒
Löse diese Aufgaben.

☐ Was kostet der Hund? _____

☐ Was kauft Ali? _____

☐ Was kostet der Ball? _____

☐ Reichen 20 €? _____

☐ Wie viel kosten Buch und Seil zusammen? _____

_____

2 Ali hat noch mehr Fragen. Ergänze und beantworte die Fragen.

Was kostet _____ ?

_____

_____

Was kosten _____ und _____ zusammen?

_____

_____

3 Spielt einkaufen.

1 und 2 Erzählen, was auf dem Bild zu sehen und im Text beschrieben ist; bei Bedarf mit Material arbeiten und Situationen nachstellen **3** Im Spiel passend mit Rechengeld bezahlen oder einfache Rückbeträge thematisieren

Wiederholung

1 Kleine Aufgabe – große Aufgabe. Male und rechne.

8 + 1 = ____	5 – 3 = ____	43 + 4 = ____	38 + 1 = ____
13 – 1 = ____	36 – 2 = ____	3 – 1 = ____	6 – 2 = ____
34 – 2 = ____	25 – 3 = ____	3 + 4 = ____	4 – 2 = ____

2 Zeichne die Zahlbilder und löse die Aufgaben.

a)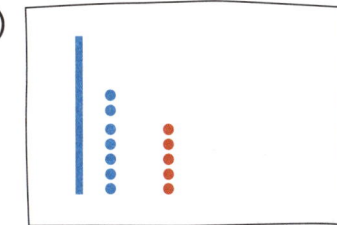

17 + 5 = ____

b)

28 + 3 = ____

c)

39 + 2 = ____

3 Zeichne die Zahlbilder und löse die Aufgaben.

a)

23 – 5 = ____

b)

33 – 4 = ____

c)

44 – 5 = ____

4 Welche Fragen kannst du beantworten?
Löse diese Aufgaben.

Sulola hat 10 Euro.
Sie kauft:
3€
4 €

☐ Was kostet ein Buch? _____

_____

☐ Wie viel Geld muss Sulola bezahlen?

_____

Diese Seite als Diagnoseinstrument einsetzen und selbstständig bearbeiten lassen,
danach Lösungen erklären lassen.

21

Längen vergleichen und ordnen

(1) Ordne die Stifte nach der Länge. Beginne mit dem kürzesten Stift.

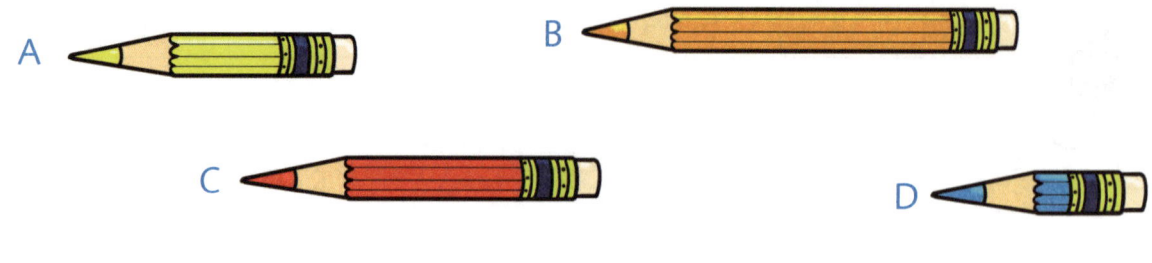

A

B

C

D

(2) Ordne die Tiere nach ihrer Länge. Beginne mit dem längsten Tier.

A: Aal

B: Goldfisch

C: Blauwal

D: Hecht

_____

_____

(3) Immer zwei Streifen sind gleich lang. Male sie in der gleichen Farbe an.
Schätze zuerst, kontrolliere dann mit einer Schnur.

A

B

C

D

E

F

(4) Wähle Gegenstände aus. Vergleiche ihre Länge und ordne sie.

Direkter Vergleich von Gegenständen aus der Umwelt nach ihrer Länge durch
Aneinanderhalten; immer wieder ordnen lassen **1 bis 3** Zum indirekten Vergleich auch
Papierstreifen oder ein Stück Schnur verwenden und diese an die Beispiele im Heft anlegen

Meter und Zentimeter

1 Wie lang sind die Dinge in Wirklichkeit? Verbinde.

| 2 m | 4 m | 1 m | 12 m |

2 Miss die Länge der Nägel. Ordne.

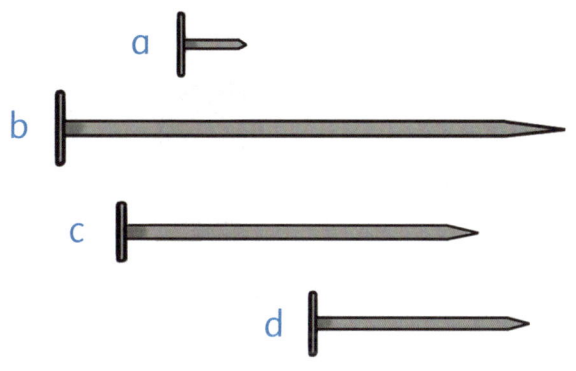

kürzester Nagel *a* = _____ cm

__ = _____ cm

__ = _____ cm

längster Nagel __ = _____ cm

3 Zeichne Strecken mit dem Lineal.

a) $\overline{AB}$ = 6 cm

A

b) $\overline{CD}$ = 4 cm

C

c) $\overline{EF}$ = 8 cm

E

Meter und Zentimeter thematisieren; Längen wie 1 m, 10 cm und 1 cm oft mit den Händen
zeigen **2 und 3** Genaues Anlegen und Messen mit einem Lineal besprechen; weitere Übung:
Längen an Gegenständen zeigen, schätzen und messen

23

Addieren und subtrahieren von zweistelligen Zahlen ohne ZÜ

1

24 + 12 = _____

2 Lege. Löse die Aufgaben.

a)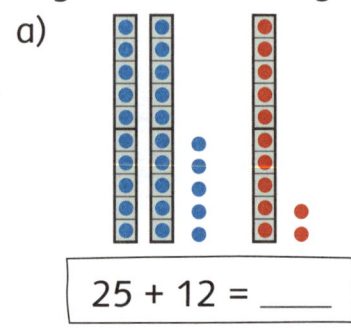

25 + 12 = _____

b)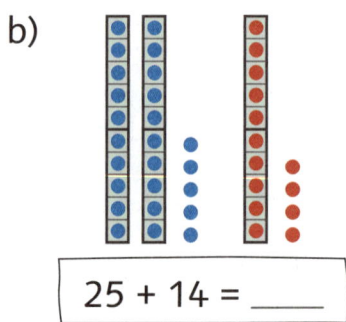

25 + 14 = _____

3

25 − 11 = _____

4 Lege. Löse die Aufgaben.

a)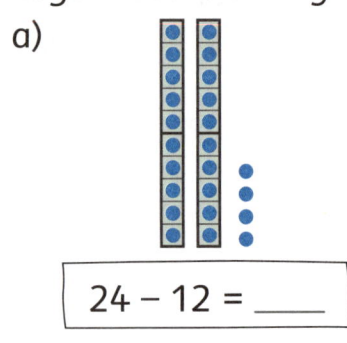

24 − 12 = _____

b)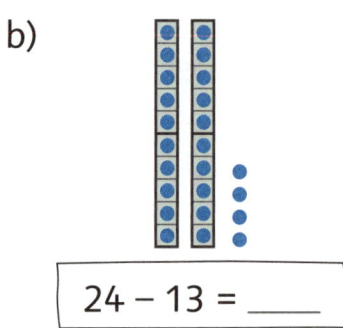

24 − 13 = _____

5 Löse mit Zahlbildern.

a)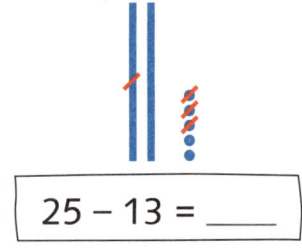

25 − 13 = _____

b)

25 − 14 = _____

Alle Aufgaben, wie in den Beispielen 1 und 3 gezeigt, legen und dazu sprechen; noch nicht ins Heft zeichnen, Rechenwege nicht notieren **5b** Zahlbild ergänzen: 14 abstreichen

Addieren von zweistelligen Zahlen mit ZÜ

1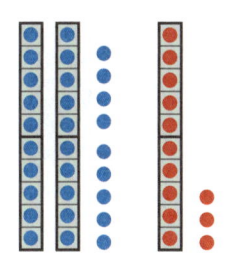

29 + 13 = _____

1 — Erst 29 + 10 = 39!

2 — Dann 39 + 1 = 40!

3 — Dann 40 + 2!

2 Lege und sprich dazu.

a)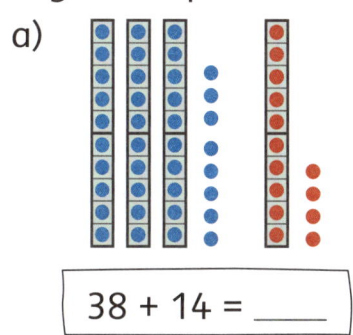

38 + 14 = _____

b)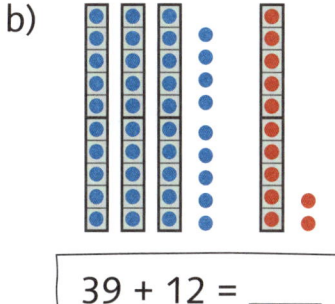

39 + 12 = _____

3 Lege und rechne.

27 + 14 = _____

27 + 15 = _____

28 + 13 = _____

4 Welches Bild gehört zu welcher Aufgabe? Verbinde und rechne.

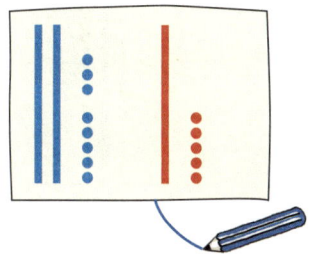 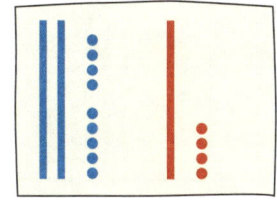 

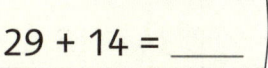

29 + 14 = _____

28 + 15 = _____

27 + 24 = _____

2 und 3 Alle Aufgaben, wie in 1 gezeigt, legen und dazu sprechen, noch nicht ins Heft zeichnen; Rechenwege nicht notieren; bewusst machen, dass man im *dritten* Schritt das Ergebnis weiß und nicht zählen oder rechnen muss; besprechen, was „Zehnerübergang" heißt

25

Subtrahieren von zweistelligen Zahlen mit ZÜ

1

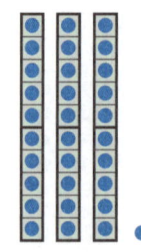

31 − 12 = _____

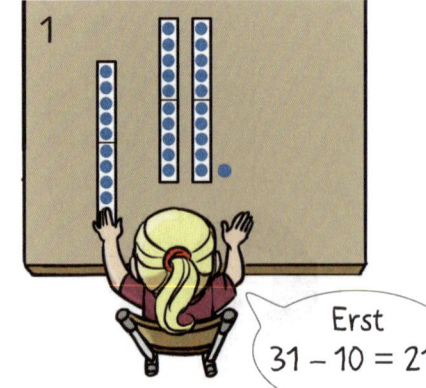

Erst
31 − 10 = 21!

Dann
21 − 1 = 20!

Dann
20 − 1!

2 Lege und sprich dazu.

a)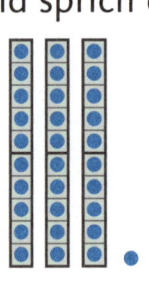

31 − 13 = _____

b)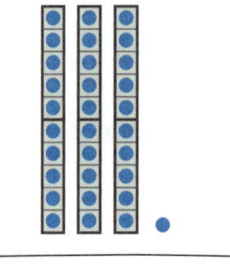

31 − 14 = _____

3 Lege und rechne.

32 − 13 = _____

32 − 14 = _____

33 − 14 = _____

4 Welches Bild gehört zu welcher Aufgabe? Verbinde und rechne.

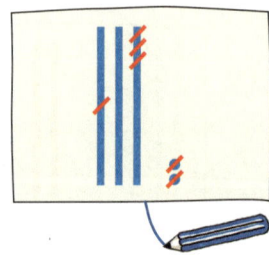

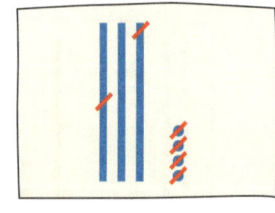

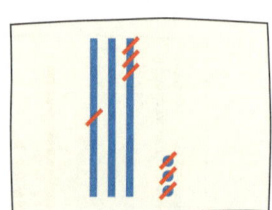

32 − 15 = _____

33 − 16 = _____

34 − 15 = _____

2 und 3 Alle Aufgaben, wie in 1 gezeigt, legen und dazu sprechen, noch nicht ins Heft zeichnen; Rechenwege nicht notieren; bewusst machen, dass man im *zweiten* Schritt das Ergebnis weiß und nicht zählen oder rechnen muss

Übungen zum Addieren und Subtrahieren (I)

1 Immer 3 Karten passen zusammen. Verbinde.

| 24 + 14 | 27 + 15 | 38 + 25 |

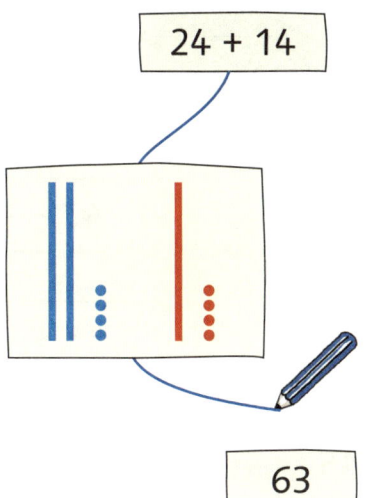 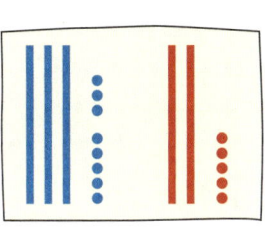 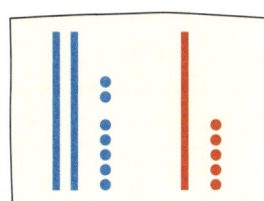

| 63 | 38 | 42 |

2 Immer 3 Karten passen zusammen. Verbinde.

| 35 − 13 | 34 − 15 | 41 − 12 |

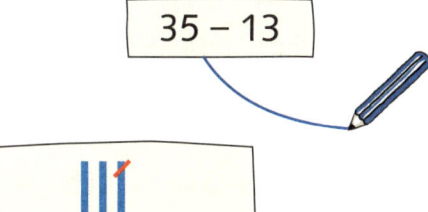 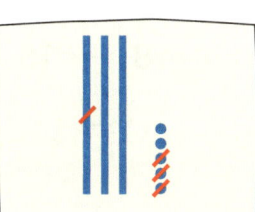 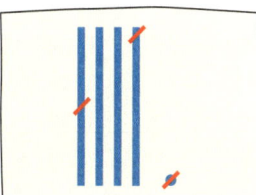

| 29 | 19 | 22 |

3 Zeichne die Zahlbilder. Löse die Aufgaben.

a)

38 + 14 = _____

b)

19 + 12 = _____

4 Schreibe weitere Plusaufgaben und Minusaufgaben mit Zehnerübergang auf. Löse sie.

1 und 2 Bei Schwierigkeiten jeweils mit Material legen und dazu sprechen
3 Umgang mit Zahlbildern thematisieren **4** Zehnerübergang thematisieren:
Woran erkenne ich, dass es eine Aufgabe mit Zehnerübergang ist?

27

Übungen zum Addieren und Subtrahieren (II)

1 Rechne und male an.

  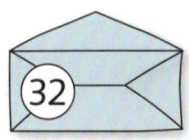 

45 – 13	42 – 15	45 – 12	42 – 14
19 + 13	21 + 12	39 – 12	15 + 13
19 + 14	18 + 14	43 – 15	14 + 13

2 Rechne und setze fort.

a) 29 + 10 = ____   b) 28 – 15 = ____   c) 34 – 13 = ____

 29 + 11 = ____   38 – 15 = ____   34 – 14 = ____

 29 + 12 = ____   48 – 15 = ____   34 – 15 = ____

 ____ + ____ = ____   ____ – ____ = ____   ____ – ____ = ____

3 Rechne zuerst die Aufgaben ohne Zehnerübergang. Male an.

13 + 14   33 – 16   24 – 13   43 – 25

39 + 23   35 + 12   36 – 13   27 + 15

Aufgaben **ohne** Zehnerübergang	Aufgaben **mit** Zehnerübergang
13 + 14 =	

Bei Bedarf jeweils mit Material legen und dazu sprechen

Sachrechnen: Rechnungen Aufgaben zuordnen

Finde zu jeder Rechengeschichte die passende Aufgabe. Verbinde.
Beantworte die Frage.

1

Nils hat 15 €.
Er kauft ein Buch über Detektive.
Wie viel Geld hat er übrig?

Nils hat _____ € übrig.

$15€ - 6€ = 9€$

$15€ - 11€ = 4€$

$15€ + 11€ = 26€$

2

Anne ist 8 Jahre alt.
Paul ist 4 Jahre älter als Anne.
Linus ist 6 Jahre jünger als Anne.

a) Wie alt ist Paul?

Paul ist _____ Jahre alt.

b) Wie alt ist Linus?

Linus ist _____ Jahre alt.

$8 + 4 = 12$

$8 + 6 = 14$

$8 - 6 = 2$

Erzählen, was auf den Bildern zu sehen und in den Texten beschrieben ist; bei Bedarf
mit Material arbeiten und Situationen nachstellen

29

Wiederholung

1 Zeichne die Zahlbilder und löse die Aufgaben.

a)
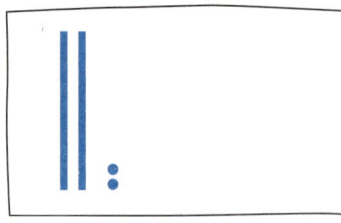

22 + 3 = ____

b)

24 − 3 = ____

2 a)

29 + 12 = ____

b)

28 + 24 = ____

3 a)

32 − 13 = ____

b)

33 − 15 = ____

4 Rechne und setze fort.

a) 25 + 11 = ____
   25 + 12 = ____
   25 + 13 = ____
   ____ + ____ = ____

b) 36 − 16 = ____
   36 − 15 = ____
   36 − 14 = ____
   ____ − ____ = ____

c) 48 + 23 = ____
   48 + 24 = ____
   48 + 25 = ____
   ____ + ____ = ____

5 Welche Rechenkarte passt? Verbinde und rechne.

Max ist 6 Jahre alt.
Seine Schwester ist doppelt so alt.
Wie alt ist seine Schwester?

Seine Schwester ist _____

_____

6 + 12 = ____

6 + 6 = ____

6 + 2 = ____

Diese Seite als Diagnoseinstrument einsetzen und selbstständig bearbeiten lassen, danach Lösungen erklären lassen.

Quadrat, Rechteck, Dreieck und Kreis

1 Welche Form haben die Schilder? Verbinde.

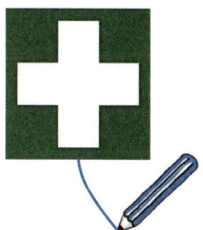  

 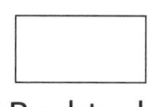  

Quadrat   Rechteck   Dreieck   Kreis

2 Was passt zueinander? Verbinde.

| Rechteck | Quadrat | Dreieck |

- 4 Ecken
- 4 Seiten
- Alle Seiten sind gleich lang.

- 3 Ecken
- 3 Seiten

- 4 Ecken
- 4 Seiten
- Gegenüberliegende Seiten sind gleich lang.

3 Zeige Quadrate, Rechtecke, Dreiecke und Kreise an Gegenständen.

2 Begründen, was am besten zueinander passt 3 Flächenformen zunächst an Körpermodellen, dann an Gegenständen zeigen, später in der Umwelt außerhalb der Schule entdecken

31

Muster und Ornamente

1 Setze die Muster fort.

a)

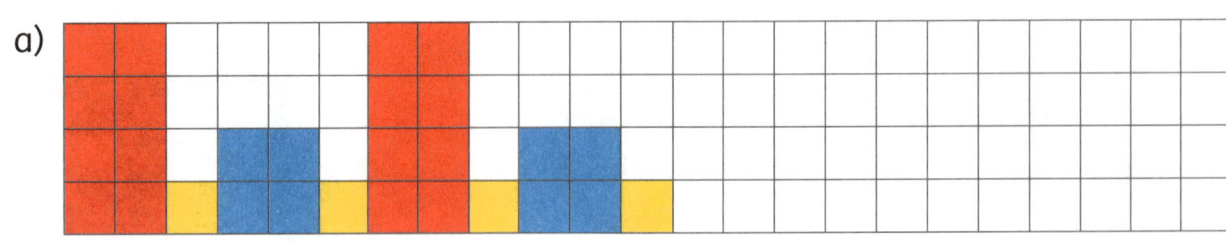

b)

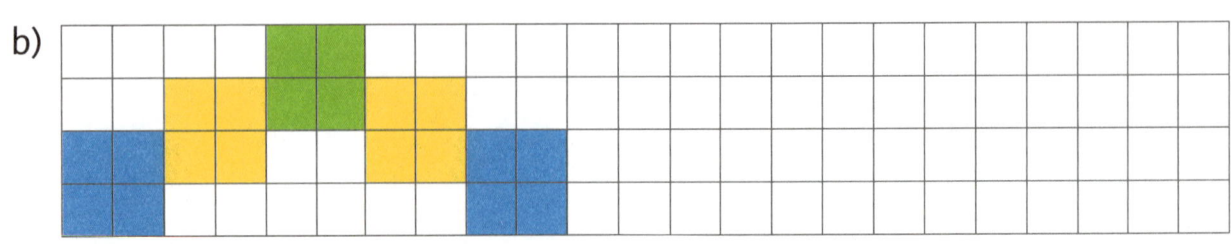

2 Erfinde eigene Muster.

a)

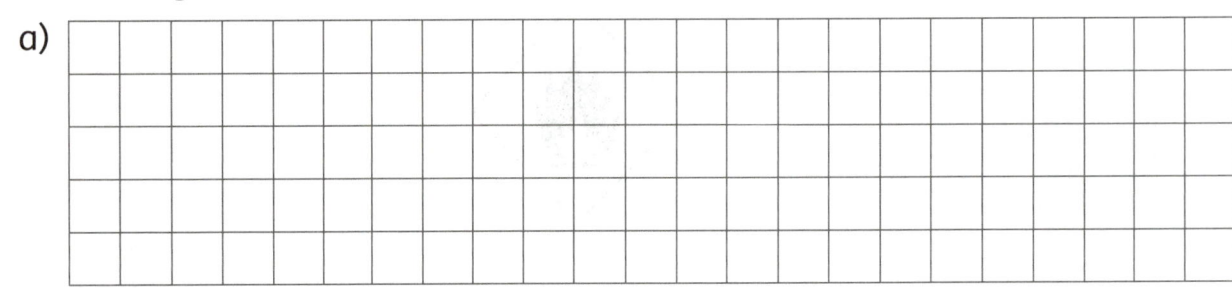

b)

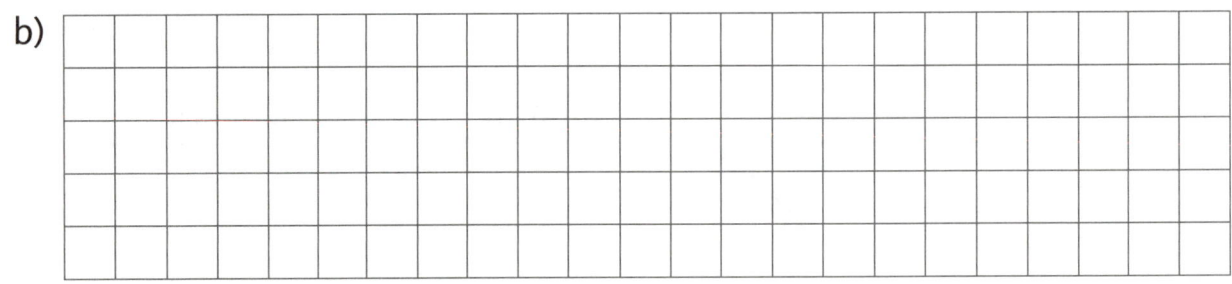

3 Setze das Ornament nach rechts fort.

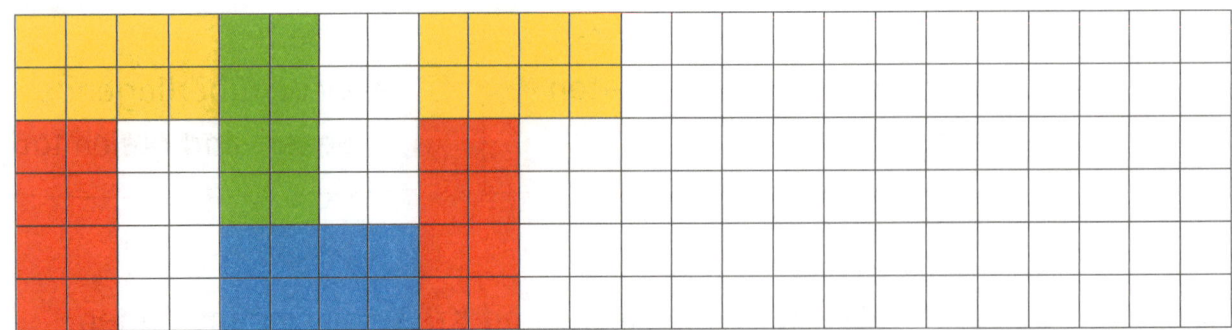

Fortsetzungen jeweils erklären und begründen; weitere Übung: Muster und Ornamente in Partnerarbeit mit Legematerial legen und fortsetzen

Figuren auslegen und spannen

1 Wie kannst du das Quadrat mit deinen Formenplättchen auslegen?  Probiere.

	A
☐	1
▭	1
△	2
△	0
☐	

	B
☐	1
▭	4
△	1
△	2
☐	

2 Welche Figuren wurden hier gespannt?

a)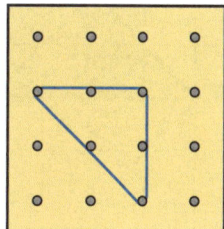

b)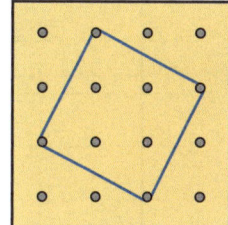

c)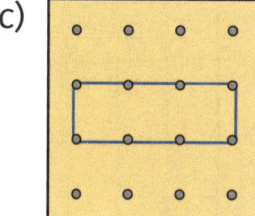

_____   _____   _____

3 Wer hat welche Figur gespannt? Verbinde.

 Meine Figur ist ein Rechteck. Nino

Meine Figur ist ein kleines Quadrat. Nina

Meine Figur ist ein großes Quadrat. Toni

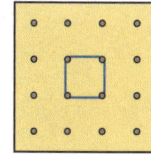   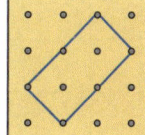   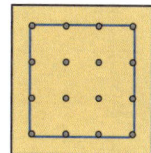

4 Spanne verschiedene Figuren am Geobrett.

1 Weitere Figuren legen und dazu sprechen 2 Weitere Figuren auf dem Geobrett spannen und dazu sprechen 3 und 4 Weitere vergleichbare Übungen in Partnerarbeit durchführen

33

Flächen zeichnen

(1) Verbinde die Punkte mit dem Lineal und ergänze zu Quadraten.

a)

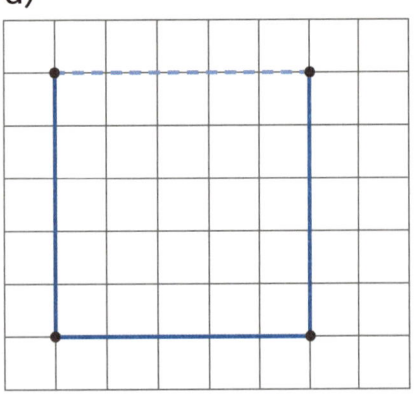

b)

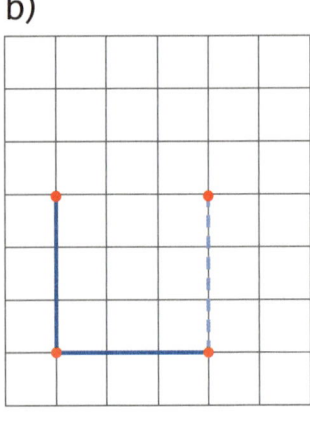

c)

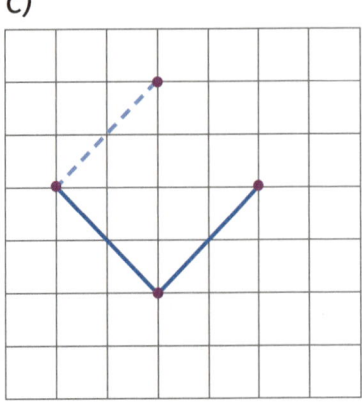

(2) Verbinde die Punkte mit dem Lineal und ergänze zu Rechtecken.

a)

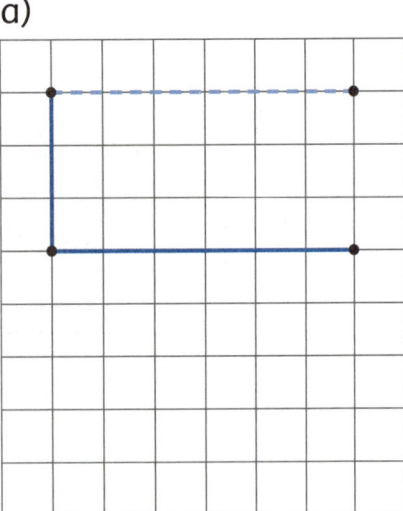

b)

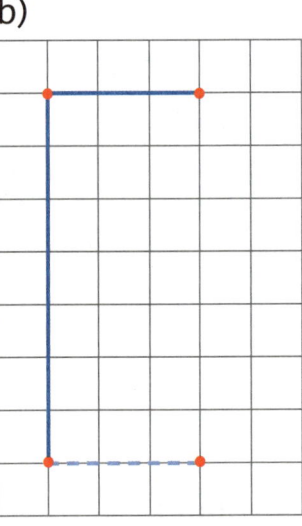

c)

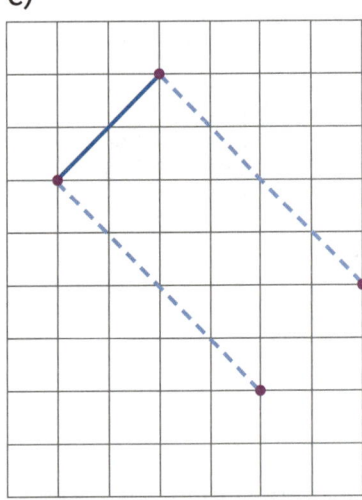

(3) Verbinde die Punkte mit dem Lineal und ergänze zu Dreiecken.

a)

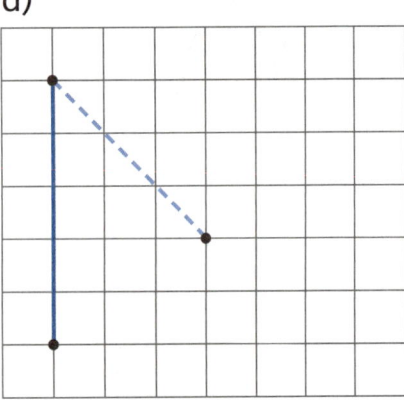

b)

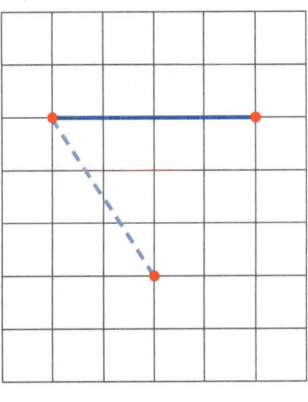

(4) Zeichne Kreise mit einem Zirkel.

Weitere Figuren im Karoraster mithilfe von Zeichenwerkzeugen zeichnen

Vom Addieren zum Multiplizieren

1 Welche Plusaufgabe passt? Verbinde.

 4 + 4 + 4   4 + 4 + 4 + 4   4 + 4

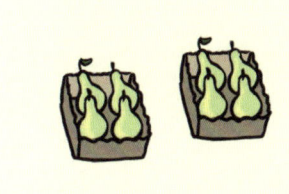

2 *mal* 4   3 *mal* 4   4 *mal* 4
2 · 4   3 · 4   4 · 4

2 Wie viele sind es? Rechne. Vergleiche mit der Malaufgabe.

a)

b)

c)

2 + 2 = ____   2 + 2 + 2 = ____   2 + 2 + 2 + 2 = ____
2 · 2 = 4   3 · 2 = 6   4 · 2 = 8

3 Zu jedem Bild passt eine Plusaufgabe und eine Malaufgabe. Verbinde.

 3 + 3 + 3 + 3   6 + 6   5 + 5 + 5

4 · 3   2 · 6   3 · 5
4 *mal* 3   2 *mal* 6   3 *mal* 5

Rechengeschichten erzählen; Malaufgaben in der Umgebung finden; zu Aufgaben Materialien
legen und Notation für die Multiplikation üben, dabei auf Richtung achten: „3 mal 4 heißt: Ich
sehe dreimal 4 Dinge."

35

Malaufgaben und Tauschaufgaben

1 Ergänze und rechne die Aufgaben.

a)

5 + 5 = ____

2 · 5 = ____

b)

2 + 2 + 2 + 2 = ____

4 · 2 = ____

c)

__ + __ + __ = ____

__ · __ = ____

2 Wie viele sind es? Male die Bilder fertig.

a) 2 mal 3 Luftballons

2 · 3 = ____

b) 4 mal 2 Äpfel

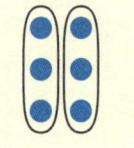

4 · 2 = ____

c) 3 mal 5 Punkte

3 · 5 = ____

3 Rechne Aufgabe und Tauschaufgabe.

a)

Ich habe 3 · 2 eingekreist.

Ich habe 2 · 3 eingekreist.

3 · 2 = ____   2 · 3 = ____

b)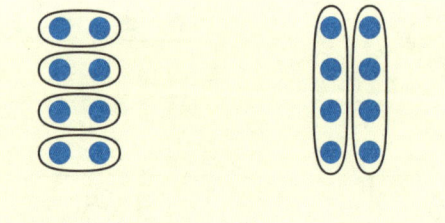

4 · __ = ____   2 · __ = ____

c)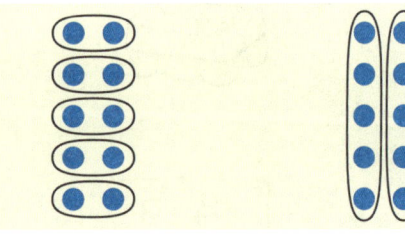

__ · __ = ____   __ · __ = ____

1 und 2 Rechengeschichten erzählen; Malaufgaben in der Umgebung finden; zu Aufgaben Materialien legen und Notation für die Multiplikation üben, dabei auf Richtung achten
3 Tauschaufgaben durch Umsortieren verdeutlichen

Dividieren

1 Wie viele  bekommt jeder? Teile gerecht.

a)

Jeder bekommt _____ .

b)

Jeder bekommt _____ .

2 Welche Aufgabe passt? Verbinde.

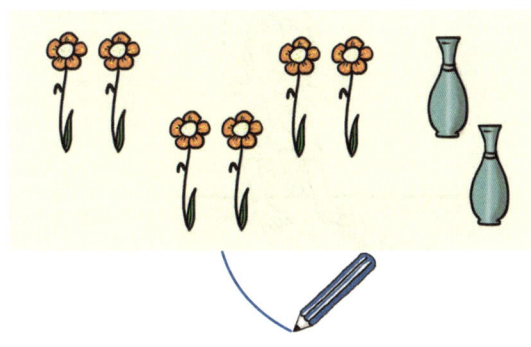

| 4 : 8 = 2 | 6 : 2 = 3 | 8 : 4 = 2 |

3 Immer drei. Teile auf und kreise ein.

a)
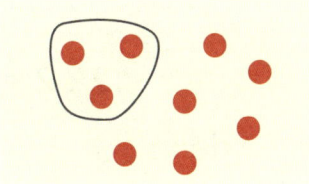

9 : 3 = _____

b)

12 : 3 = _____

c)
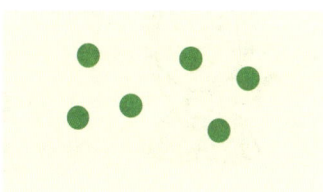

6 : 3 = _____

4 Immer vier. Teile auf und kreise ein.

a)
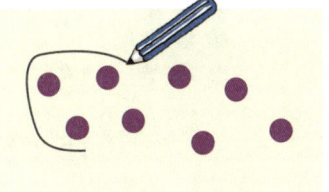

8 : 4 = _____

b)

12 : 4 = _____

Aufteilen und Verteilen mit Materialien durchspielen; Terme formulieren, dabei Notation
üben; Rechengeschichten erzählen **2** Falsche Aufgabe „4 : 8" thematisieren – Was wird geteilt?
Wie muss ich es aufschreiben?

37

Umkehraufgaben und Aufgabenfamilien

 Erzähle. Rechne die Aufgaben.

a)

Ich stelle immer 2 Blumen in eine Vase.
6 : 2 = __

Ich sehe:
3 · 2 = __
Das ist die Umkehraufgabe.

6 : 2 = ____

3 · 2 = ____

b)

Ich lege immer 5 Äpfel in eine Schüssel.

Ich sehe:
2 · 5 = __

10 : 5 = ____

2 · 5 = ____

 Rechne. Schreibe die Umkehraufgabe.

6 : 2 = 3,
denn 3 · 2 = 6

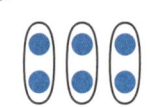

a)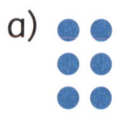

8 : 2 = ____

denn __ · 2 = 8

b)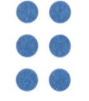

12 : 2 = ____

denn __ · __ = 12

③ **Rechne zu jedem Punktefeld die Aufgabenfamilie.**

a)

6 · 2 = ____

2 · 6 = ____

12 : 2 = ____

12 : 6 = ____

b)

5 · 3 = ____

3 · 5 = ____

15 : 3 = ____

15 : 5 = ____

④ **Lege und schreibe weitere Aufgabenfamilien. Verwende Plättchen.**

1 Rechengeschichten erzählen **2 und 3** Zusammenhänge von Multiplikations- und Divisionsaufgaben an Anordnungen von Gegenständen/Plättchen oder auf Bildern untersuchen und zeigen

Daten, Häufigkeit und Wahrscheinlichkeit

1 Nina hat mit einem Würfel gewürfelt. Welche Aussage passt in welchen Umschlag? Male an.

unmöglich   möglich   sicher

Sie hat eine 3 gewürfelt.   Sie hat eine 8 gewürfelt.

Sie hat eine 1 oder eine 6 gewürfelt.

Sie hat eine 1 oder 2 oder 3 oder 4 oder 5 oder 6 gewürfelt.

2 Ali zieht eine Kugel. Welche Aussagen stimmen? ☒

Es ist möglich, dass er eine rote Kugel zieht. ☐

Es ist sicher, dass er eine rote Kugel zieht. ☐

Es ist unmöglich, dass er eine gelbe Kugel zieht. ☐

3 Lara und Simon spielen. Sie legen die Kugel immer zurück.

Lara
rot: ⅧⅢ
blau: Ⅷ Ⅱ

Simon
rot: ⅢⅢ
blau: Ⅷ Ⅷ Ⅰ

a) Ergänze die Tabelle.

	Lara	Simon
Rot	8	
Blau		
Wie oft gezogen?		

b) Rot gewinnt: Wer hat häufiger gewonnen? _____

Unterstützung für das Sprachverständnis geben: Formulierungen in Satzbeispielen festhalten (z. B. „Es ist möglich, dass Nina eine 2 würfelt."); Spiele mit Würfeln spielen und Kugeln ziehen, dazu mögliche Resultate vermuten

39

Sachrechnen: Skizzen als Lösungshilfen

(1) Laras Eltern haben 14 Pflanzen
für Kohlrabis gekauft.
Sie wollen zwei Reihen pflanzen.

Welche Skizzen passen? ☒

A ☐

B ☐

C ☐

(2) Die Eltern haben auch drei Blumenkästen. In jeden Kasten sollen
fünf Blumen. Male fertig. Wie viele Blumen brauchen sie?

Sie brauchen _____ Blumen.

(3) Lara hat für ihr Beet 12 Blumen.
Wie viele Reihen werden es? Zeichne die Skizzen.

a)   4 Blumen in einer Reihe

b)   6 Blumen in einer Reihe

Es werden _____ Reihen.

Es werden _____ Reihen.

Verschiedene Skizzen auf separaten Blättern zeichnen und vergleichen; Merkmale von
Skizzen besprechen

Wiederholung

1 Zu jedem Bild passt eine Plusaufgabe und eine Malaufgabe. Verbinde.

| 3 + 3 + 3 | 2 + 2 + 2 + 2 + 2 | 4 + 4 |

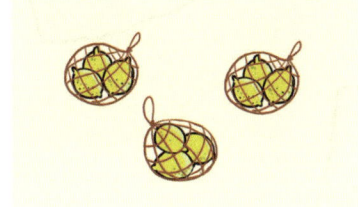  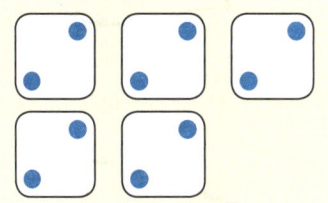

| 2 · 4 2 *mal* 4 | 3 · 3 3 *mal* 3 | 5 · 2 5 *mal* 2 |

2 Wie viele sind es? Male die Bilder fertig.

a)
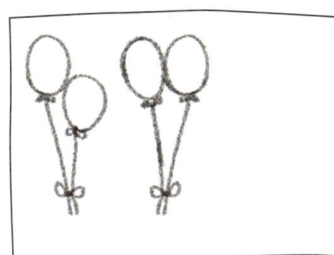

3 · 2 = ____

b)

4 · 3 = ____

c)

4 · 4 = ____

3 Immer zwei. Teile auf und kreise ein.

a)
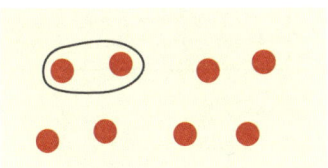

8 : 2 = ____

b)

10 : 2 = ____

c)

14 : 2 = ____

4 Welche Aussage stimmt?

Es ist sicher, dass Ina Blau zieht. ☐

Es ist möglich, dass Ina Rot zieht. ☐

Es ist unmöglich, dass Ina Rot zieht. ☐

Diese Seite als Diagnoseinstrument einsetzen und selbstständig bearbeiten lassen, danach Lösungen erklären lassen.

41

Monate, Wochen und Tage

① Ordne die Monate im Kalenderjahr.

August ☐

Juni ☐

November ☐

Oktober ☐

Mai ☐

September ☐

Februar ☐

Juli ☐

Dezember ☐

April ☐

März ☐

Januar 1.

② Wie viele Tage sind es? Prüfe mit einem Kalender. Was fällt dir auf?

Monat	Januar	Februar	März	April	Mai
Tage	31				

Mir fällt auf: _____

③ Trage richtig ein.   Freitag   ~~Dienstag~~   Mittwoch   Samstag

Der Tag nach Montag heißt _Dienstag_ _____.

Ein Tag am Wochenende heißt _____.

Der Tag vor Donnerstag heißt _____.

Der Tag vor Samstag heißt _____.

1 In Kalendern Reihenfolge der Monate nachsehen; Monatsblätter eines Kalenders sortieren; Jahreszeiten einbeziehen 2 Anzahl der Monatstage in Kalendern recherchieren 3 Kalender nutzen

Kalender und Datum

1

🐞 Geburtstagskalender Klasse 2b 🌸

Februar	März	April	Mai	Juni	Juli	
Tina 15.2.	Can 22.3.	Milan 18.4.	Marie 7.5.	Mia 3.6.	Anna 10.7.	
		Robin 29.4.	Tobias 11.5.			

a) Wer hat Geburtstag? Schreibe die Namen der Kinder auf.

3. Juni: _____ 22. März: _____

11. Mai: _____ 18. April: _____

b) Wann haben die Kinder Geburtstag?

Tina: _____ Marie: _____

Anna: _____ Robin: _____

2 Wann wurdest du geboren? Ergänze.

Name: _____

Alter: _____

Geburtsdatum: _____

Wochentag deiner Geburt: _____

Monat deiner Geburt: _____

Jahreszeit: _____

3 Schreibe das Datum von Tagen in dieser Woche auf.

Montag: _____ Dienstag: _____

Mittwoch: _____ Donnerstag: _____

Freitag: _____ Samstag: _____

Daten in einem Kalender markieren und in den Jahresverlauf einordnen, Jahreszeiten
einbeziehen; unterschiedliche Schreibweisen zum Datum vergleichen und erklären

43

Einmaleins mit 10, 5 und 2

(1) Wie viele Kirschen sind es?

Schreibe zu jedem Bild eine Plusaufgabe und eine Malaufgabe. Löse sie.

a)  b)  c)

$2 + 2 + 2 = $ _____ $2 + $ _____ _____

$3 \cdot 2 = $ _____ ___ $\cdot\ 2 = $ _____ _____

(2) Wie viele Punkte sind es? Verbinde und rechne.

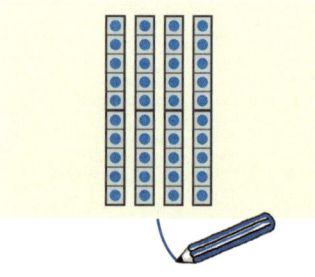 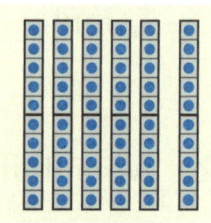

| $5 \cdot 10 = $ _____ | | $4 \cdot 10 = $ _____ | | $6 \cdot 10 = $ _____ |

(3) Wie viele Punkte sind es?

Schreibe zu jedem Bild eine Plusaufgabe und eine Malaufgabe.

a)  b)  c)

$5 + 5 + 5 + 5 = $ _____ $5 + $ _____ _____

$4 \cdot 5 = $ _____ ___ $\cdot\ 5 = $ _____ ___ $\cdot\ 5 = $ _____

$1 \cdot 5$
5

$2 \cdot 5$ ___ $3 \cdot 5$ ___ $4 \cdot 5$ ___ $5 \cdot 5$ ___ $6 \cdot 5$ ___ $7 \cdot 5$ ___ $8 \cdot 5$ $9 \cdot 5$ $10 \cdot 5$

44

1 Alltagsbeispiele suchen: Was tritt als Zweier-, Fünfer-, Zehnergruppierung auf? 2 Bilder zu Aufgaben zuordnen und zur Lösung nutzen; weitere Beispiele mit Zehnerstreifen legen
3 Terme formulieren; zu Termen Anordnungen mit Materialien erstellen

4 Lisa hat mit einem Spiegel verdoppelt. Rechne die Aufgaben.

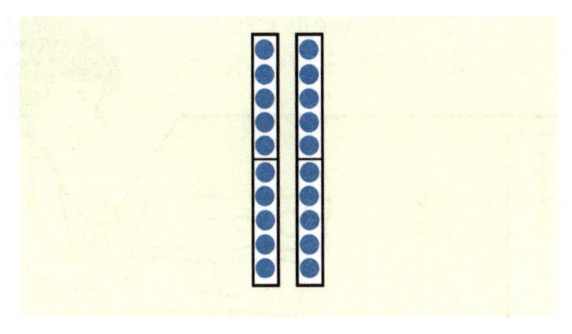

2 · 10 = ____

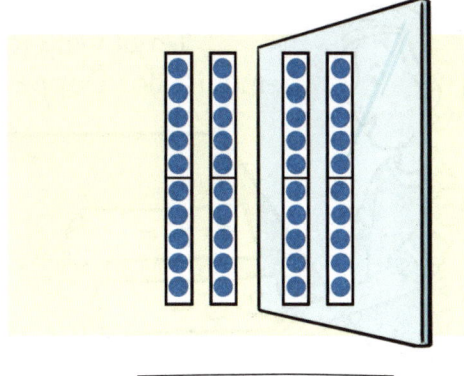

__ · 10 = ____

5 Verdopple mit einem Spiegel. Schreibe die Malaufgaben.

a)

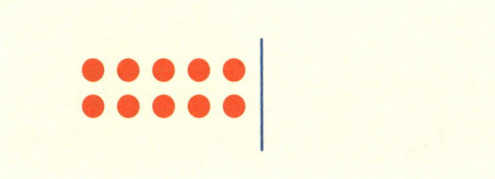

2 · 5 = ____   4 · __ = ____

b)

3 · 2 = ____   __ · __ = ____

6 Halbiere. Schreibe die Malaufgaben.

a)

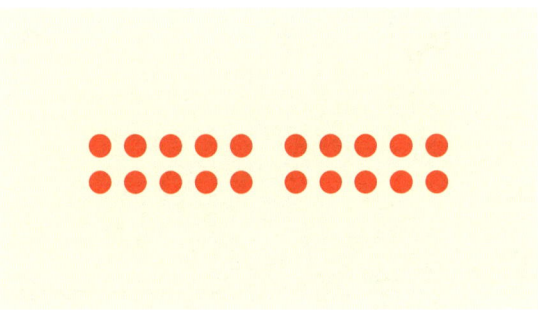

2 · 10 = ____   __ · ____ = ____

b)

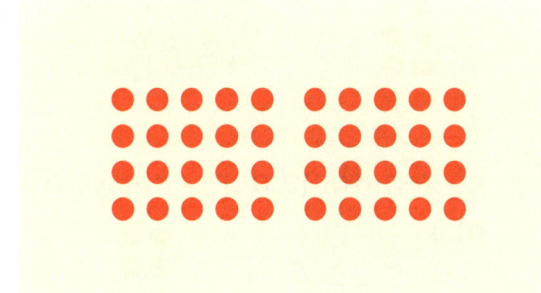

4 · 10 = ____   __ · ____ = ____

1 · 2   2 · 2   3 · 2   4 · 2   5 · 2   6 · 2   7 · 2   8 · 2   9 · 2   10 · 2
____   ____   ____   ____   ____   ____   ____   ____   ____   ____

Mit Spiegel und Legematerial oder Spielwürfeln Verdoppeln und Halbieren wiederholen;
Anordnungen in Punktefeldern halbieren und verdoppeln **6** Thematisieren, dass man
unterschiedlich halbieren kann, z.B. 2 mal 10 in 1 mal 10 oder in 2 mal 5

45

Schlüsselaufgaben

1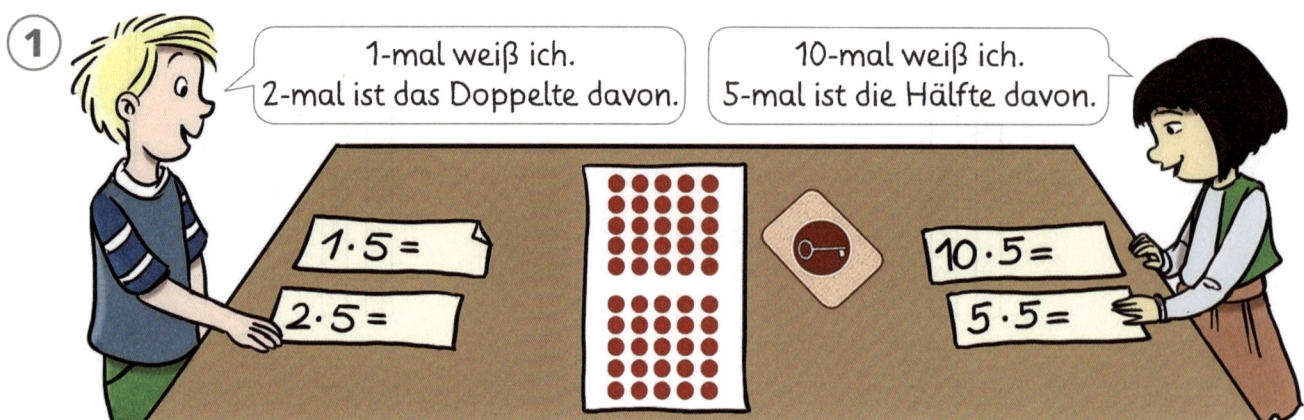

2 Löse die Schlüsselaufgaben.

a)
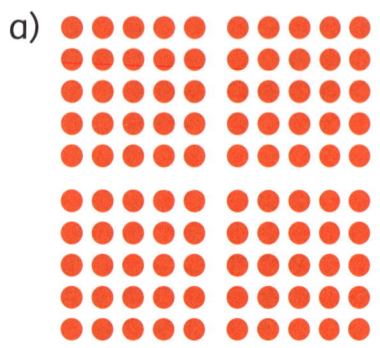

$1 \cdot 10 =$ _____

$2 \cdot 10 =$ _____

$10 \cdot 10 =$ _____

$5 \cdot 10 =$ _____

b)

$1 \cdot 2 =$ _____

$2 \cdot 2 =$ _____

$10 \cdot 2 =$ _____

$5 \cdot 2 =$ _____

3 Löse mithilfe der Schlüsselaufgaben.

a)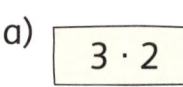

$2 \cdot 2 =$ _____

$1 \cdot 2 =$ _____

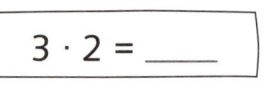

b) 6 · 2

$5 \cdot 2 =$ _____

$1 \cdot 2 =$ _____

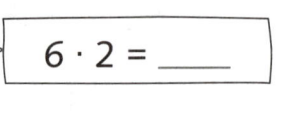

Schlüsselaufgaben in Punktefeldern identifizieren und in Varianten zeigen;
Schlüsselaufgaben einprägen **3** Beziehungen zwischen Aufgaben mithilfe von Material
entdecken

Einmaleins mit 4 und 8

(1) Welche Aufgabe passt? Verbinde und rechne.

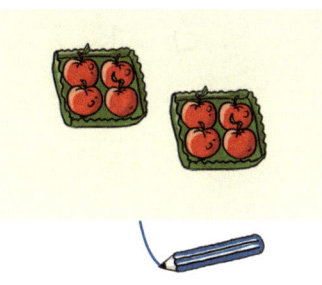  

$3 \cdot 4 = \underline{\quad}$ $5 \cdot 4 = \underline{\quad}$ $2 \cdot 4 = \underline{\quad}$

(2) Welche Aufgabe passt? Verbinde und rechne.

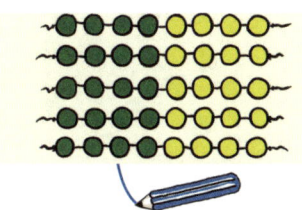 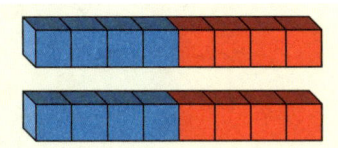 

$2 \cdot 8 = \underline{\quad}$ $5 \cdot 8 = \underline{\quad}$ $3 \cdot 8 = \underline{\quad}$

(3) Male das Bild fertig, damit es zur Aufgabe passt. Löse die Aufgabe.

$4 \cdot 8$

$4 \cdot 8 = \underline{\qquad}$

(4) Löse die Schlüsselaufgaben.

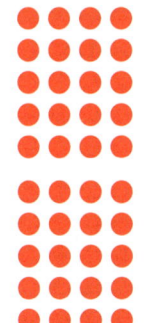

$1 \cdot 4 = \underline{\quad}$ $10 \cdot 4 = \underline{\quad}$

$2 \cdot 4 = \underline{\quad}$ $5 \cdot 4 = \underline{\quad}$

     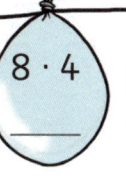 

$1 \cdot 4$ $2 \cdot 4$ $3 \cdot 4$ $4 \cdot 4$ $5 \cdot 4$ $6 \cdot 4$ $7 \cdot 4$ $8 \cdot 4$ $9 \cdot 4$ $10 \cdot 4$

1 Alltagsbeispiele: Wo gibt es Vierer- oder Achtergruppierungen? Zeitlich-sukzessiven Aspekt einbeziehen **2 und 3** Bilder zu Aufgaben zuordnen, zur Lösung nutzen; weitere Beispiele mit Material legen **4** Schlüsselaufgaben im Punktefeld zeigen und einprägen

47

Übungen zum Multiplizieren und Dividieren

1 Löse die Schlüsselaufgaben.

a) 1 · 10 = ____
2 · 10 = ____
10 · 10 = ____
5 · 10 = ____

b) 1 · 5 = ____
2 · 5 = ____
10 · 5 = ____
5 · 5 = ____

c) 1 · 2 = ____
2 · 2 = ____
10 · 2 = ____
5 · 2 = ____

2 Rechne Aufgabe und Umkehraufgabe.

a)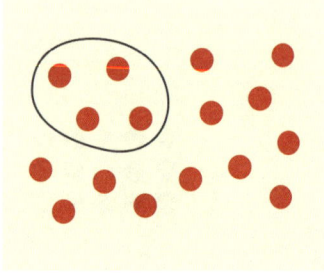

b)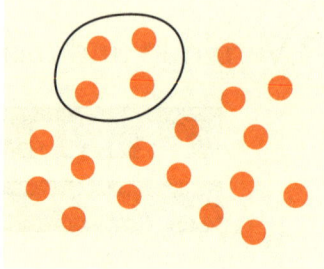

c)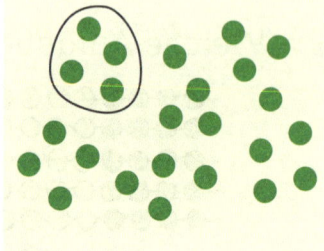

16 : 4 = ____

denn 4 · 4 = ____

20 : 4 = ____

denn __ · 4 = ____

24 : 4 = ____

denn __ · 4 = ____

3 Rechne zu jedem Punktefeld die Aufgabenfamilie.

a)

3 · 4 = ____
4 · 3 = ____
12 : 4 = ____
12 : 3 = ____

b)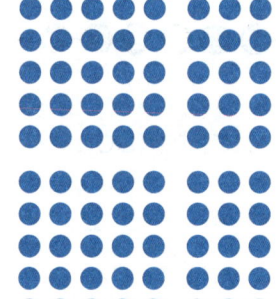

10 · 8 = ____
8 · 10 = ____
80 : 8 = ____
80 : 10 = ____

1 · 8 ____

2 · 8 ____

3 · 8 ____

4 · 8 ____

5 · 8 ____

6 · 8 ____

7 · 8 ____

8 · 8 ____

9 · 8 ____

10 · 8

1 Schlüsselaufgaben legen und einprägen 2 Aufgabe und Umkehraufgabe an Materialien zeigen 3 Punktefelder nachlegen – zu Aufgabenfamilien alle Aufgaben handelnd umsetzen

Sachrechnen: Rechengeschichten und Rechnungen

(1) Welche Rechenkarte passt?

Ina kauft 3 Bücher.
Sie bezahlt:

○ 3€ + 5€   ○ 3 · 5€

○ 3€ + 3€ + 3€

(2) Wie viel müssen die Kinder bezahlen? Verbinde.

Lisa kauft: Simon kauft: Toni kauft:

| 4€ + 5€ = 9€ | 4 · 2€ = 8€ | 4 · 5€ = 20€ |

(3) Was kaufst du? Wie viel musst du bezahlen?
Schreibe eine Aufgabe.

Ich kaufe: _____

Rechnung: _____

Antwort: Ich bezahle _____ Euro.

Einkaufssituationen nachspielen und Rechengeld nutzen; Aufgaben mit Rechengeld legen;
zu weiteren Einkäufen Aufgaben notieren; Plakat oder Legespiel gestalten

49

Wiederholung

1 Welche Aufgabe passt? Verbinde und rechne.

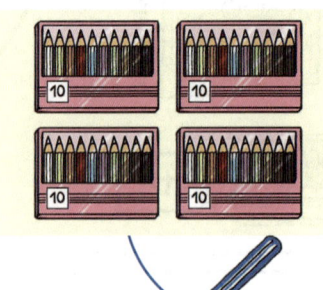

| 5 · 5 = ____ | 4 · 10 = ____ | 3 · 4 = ____ |

2 Rechne Aufgabe und Umkehraufgabe.

a)
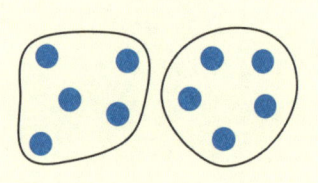

10 : 5 = ____

denn 2 · 5 = ____

b)

16 : 4 = ____

denn __ · 4 = ____

c)
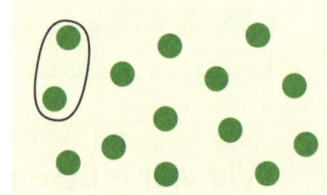

14 : 2 = ____

denn __ · 2 = ____

3 Wie viel müssen die Kinder bezahlen? Verbinde.

Lisa kauft:

Papa kauft:

Toni kauft:

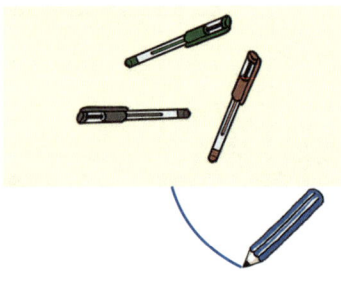

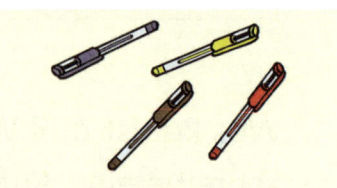

| 4 · 2€ = 8€ | 3 · 2€ = 6€ | 2 · 4€ = 8€ |

Diese Seite als Diagnoseinstrument einsetzen und selbstständig bearbeiten lassen, danach Lösungen erklären lassen.

Stunden und Minuten

1 Wie spät ist es? Verbinde.

| 4.00 Uhr | 12.00 Uhr | 16.00 Uhr | 24.00 Uhr |

2 Wie spät ist es?

a)    b)    c)    d)

a) _8 Uhr_

3 Wie spät ist es? Verbinde.

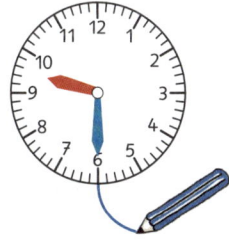   

| 11.30 Uhr | 9.30 Uhr | 5.30 Uhr | 8.30 Uhr |

4 Zeichne die fehlenden Zeiger ein.

a)    b)    c) 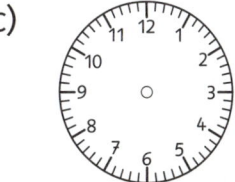   d)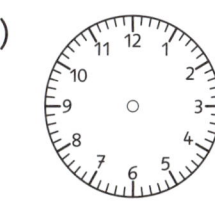

a) 5.00 Uhr   b) 10.00 Uhr   c) 2.00 Uhr   d) 15.00 Uhr

1 und 2 An einer Lernuhr volle Stunden einstellen und ablesen; Nachmittagszeiten durch Weiterzählen der Stunden bestimmen **3** An einer Lernuhr halbe Stunden einstellen und ablesen

51

Zeitpunkte und Zeitspannen

(1) Wie viele Stunden sind vergangen? Trage richtig ein.

| 2 Stunden | 1 Stunde | 5 Stunden | 3 Stunden |

a)

b)

(2) Wie viele Stunden sind vergangen?

a)

b)

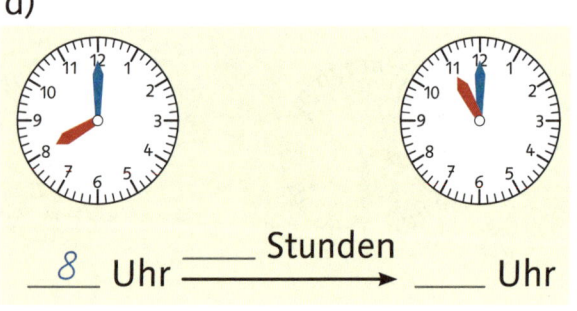 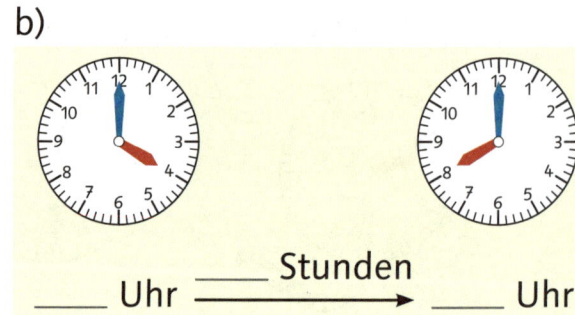

(3) Wie spät ist es in 2 Stunden?
Zeichne die Zeiger ein und schreibe die Uhrzeiten auf.

a)

b)

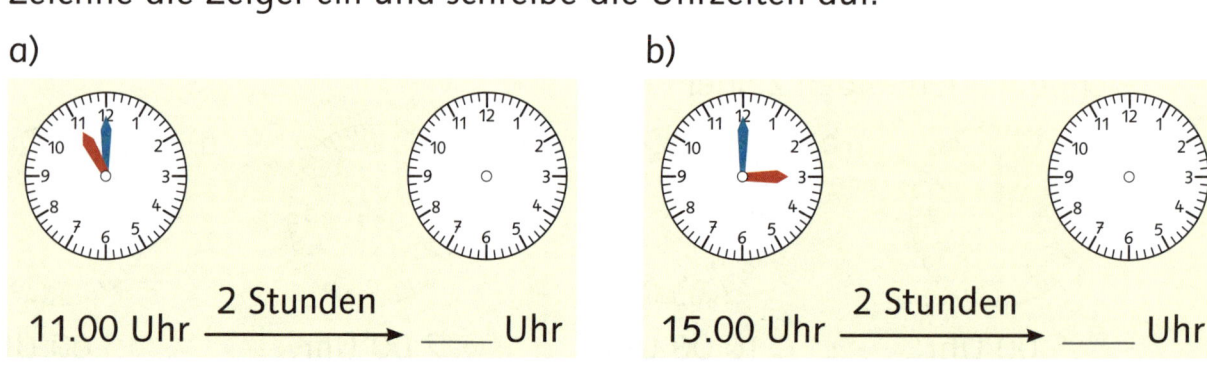

Mit zwei Lernuhren arbeiten: Zeiten an Lernuhren einstellen, dabei eine Lernuhr unverändert belassen, auf der anderen die Zeit ändern; Situationen nachspielen und weitere erfinden

4 Wie lange kann es dauern? Ordne zu.

 Hörspiel hören

 Besuch im Zoo

 Zähne putzen

 Kartenspiel spielen

| 4 Stunden | 50 Minuten | 2 Minuten | 15 Minuten |

5 Wie viele Minuten sind vergangen? Verbinde.

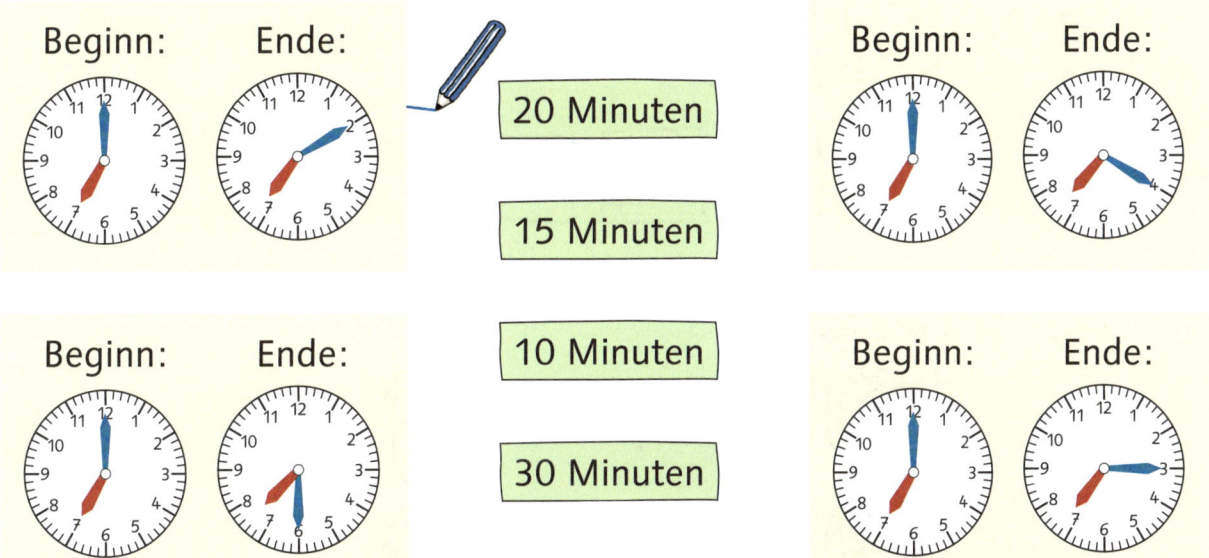

Beginn: Ende:

20 Minuten

15 Minuten

10 Minuten

30 Minuten

Beginn: Ende:

Beginn: Ende:

Beginn: Ende:

6 Es ist 8.00 Uhr. Wie lange dauert es, bis die Busse abfahren?

		Nach:	Abfahrt:	
	Linie 4	Rathaus	8.20 Uhr	Wartezeit: _____ min
	Linie 1	Bahnhof	8.25 Uhr	Wartezeit: _____ min
	Linie 10	Stadion	8.40 Uhr	Wartezeit: _____ min

7 Spielt mit 2 Uhren. Nennt euch Uhrzeit und Zeitdauer.
Stellt beide Uhren passend ein.

4 Dauer von Alltagssituationen schätzen und messen **5 und 6** Mit zwei Lernuhren arbeiten:
Zeiten an Lernuhren einstellen, dabei eine Lernuhr unverändert belassen, auf der anderen
die Zeit ändern; Situationen nachspielen

Einmaleins mit 3

(1) Ordne die Aufgaben den Bildern zu. Löse sie.

 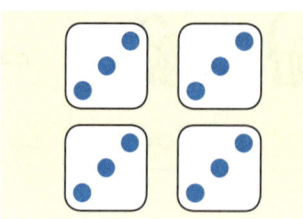 

4 · 3 = _____   2 · 3 = _____   5 · 3 = _____

(2) Male die Bilder fertig, damit sie zur Aufgabe passen. Löse die Aufgaben.

a) 3 · 3

3 · 3 = _____

b) 6 · 3

6 · 3 = _____

(3) Löse die Schlüsselaufgaben.

1 · 3 = _____    Ich verdopple.    Ich halbiere.   10 · 3 = _____

2 · 3 = _____   5 · 3 = _____

(4) Teile auf.

a)   9 : 3 = __   b)   12 : 3 = __

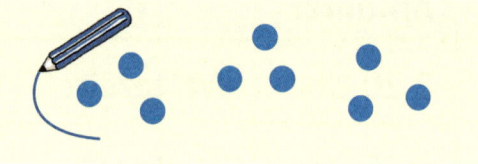   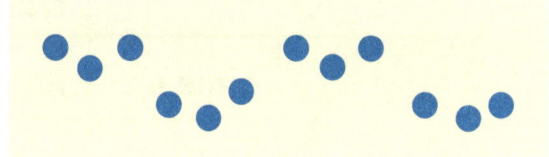

1 · 3 2 · 3 3 · 3 4 · 3 5 · 3 6 · 3 7 · 3 8 · 3 9 · 3 10 · 3

_____ _____ _____ _____ _____ _____ _____ _____ _____ _____

Bei Bedarf mit Plättchen arbeiten **2** Veränderungen in den Bildern bewusst thematisieren
4 Weitere Geteiltaufgaben mit Plättchen lösen; Partnerübung: einzelne Luftballons zur 3er-
Reihe abdecken, zugehörige Aufgabe mit Ergebnis nennen

Einmaleins mit 6

1 Ordne die Aufgaben den Bildern zu. Löse sie.

  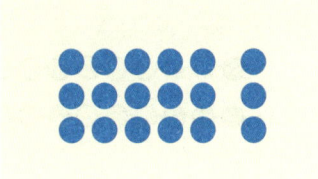

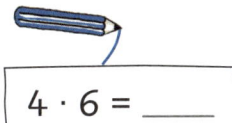

4 · 6 = _____   2 · 6 = _____   3 · 6 = _____

2 Male die Bilder fertig, damit sie zur Aufgabe passen. Löse die Aufgaben.

a) 3 · 6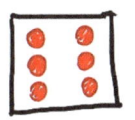

3 · 6 = _____

b) 5 · 6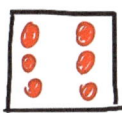

5 · 6 = _____

3 Löse die Schlüsselaufgaben.

1 · 6 = _____
2 · 6 = _____

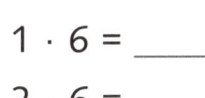 Ich verdopple.

 Ich halbiere.

10 · 6 = _____
5 · 6 = _____

4 Teile auf.

a)

12 : 6 = __

b)

18 : 6 = __

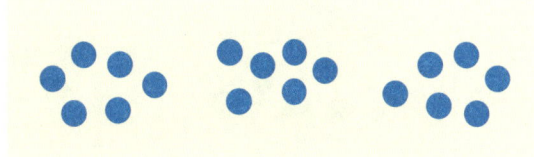

1 · 6   2 · 6   3 · 6   4 · 6   5 · 6   6 · 6   7 · 6   8 · 6   9 · 6   10 · 6

Bei Bedarf mit Plättchen arbeiten **2** Veränderungen in den Bildern bewusst thematisieren
4 Weitere Geteiltaufgaben mit Plättchen lösen; Partnerübung: einzelne Luftballons zur 6er-
Reihe abdecken, zugehörige Aufgabe mit Ergebnis nennen

55

Einmaleins mit 9

1 Ordne die Aufgaben den Bildern zu. Löse sie.

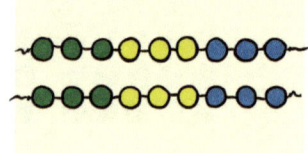  

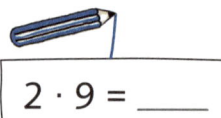

| 2 · 9 = ____ | 5 · 9 = ____ | 3 · 9 = ____ |

2 Male die Bilder fertig, damit sie zur Aufgabe passen. Löse die Aufgaben.

a) 3 · 9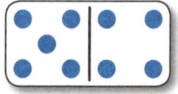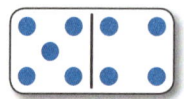

$3 \cdot 9 =$ ____

b) 2 · 9

$2 \cdot 9 =$ ____

3 Löse die Schlüsselaufgaben.

1 · 9 = ____

2 · 9 = ____

Ich verdopple.

Ich halbiere.

10 · 9 = ____

5 · 9 = ____

4 Teile auf.

a)

18 : 9 = __

b)

27 : 9 = __

 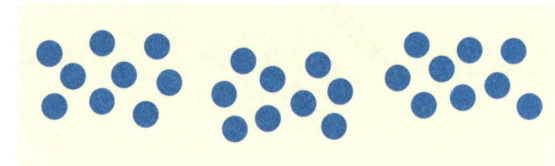

Bei Bedarf mit Plättchen arbeiten **2** Veränderungen in den Bildern bewusst thematisieren
4 Weitere Geteiltaufgaben mit Plättchen lösen; Partnerübung: einzelne Luftballons zur 9er-
Reihe abdecken, zugehörige Aufgabe mit Ergebnis nennen

Einmaleins mit 7

1 Schreibe zu jedem Bild eine Malaufgabe. Löse sie.

a)

b)

c)

2 · _____   _____   _____

2 Male zu jeder Aufgabe ein Punktefeld. Löse die Aufgaben.

a)

b)

c)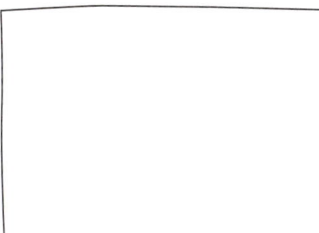

$1 \cdot 7 =$ _____ $4 \cdot 7 =$ _____ $6 \cdot 7 =$ _____

3

a) $1 \cdot 7 =$ _____
  $2 \cdot 7 =$ _____
  $10 \cdot 7 =$ _____
  $5 \cdot 7 =$ _____

b) $3 \cdot 7 =$ _____
  $6 \cdot 7 =$ _____
  $4 \cdot 7 =$ _____
  $8 \cdot 7 =$ _____

c) $0 \cdot 7 =$ _____
  $7 \cdot 7 =$ _____
  $9 \cdot 7 =$ _____
  $10 \cdot 7 =$ _____

4 Teile auf.

a) $14 : 7 =$ __

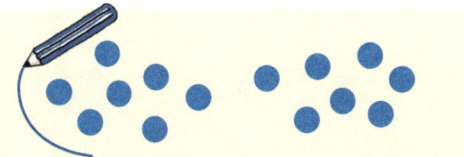

b) $21 : 7 =$ __

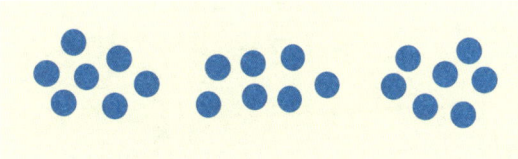

$1 \cdot 7$ ___ $2 \cdot 7$ ___ $3 \cdot 7$ ___ $4 \cdot 7$ ___ $5 \cdot 7$ ___ $6 \cdot 7$ ___ $7 \cdot 7$ ___ $8 \cdot 7$ ___ $9 \cdot 7$ ___ $10 \cdot 7$ ___

Bei Bedarf mit Plättchen arbeiten **2** Bilder zu den Aufgaben bewusst thematisieren **4** Weitere
Geteiltaufgaben mit Plättchen lösen; Partnerübung: einzelne Luftballons zur 7er-Reihe
abdecken, zugehörige Aufgabe mit Ergebnis nennen

57

Übungen zum Einmaleins

1 Schreibe zu jedem Bild eine Malaufgabe. Löse sie.

a)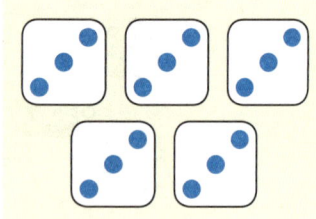

b)

c)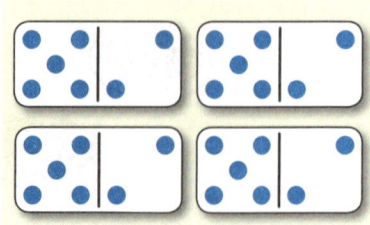

_____   _____   _____

2 Male zu jeder Aufgabe ein Punktefeld. Löse die Aufgaben.

a)

b)

c)

$2 \cdot 7 =$ ____ $4 \cdot 3 =$ ____ $5 \cdot 6 =$ ____

3 Schreibe und rechne zu jedem Punktefeld die Aufgabenfamilie.

a)

b)

c)

$2 \cdot 3 =$ ____   _____   _____

$3 \cdot 2 =$ ____   _____   _____

$6 : 3 =$ ____   _____   _____

$6 : 2 =$ ____   _____   _____

4 Schreibe zu einer Einmaleinsreihe alle Aufgaben mit Ergebnis auf.

$1 \cdot$ ____ $=$ ____   _____   _____

$2 \cdot$ ____ $=$ ____   _____ $10 \cdot$ ____ $=$ ____

_____   _____

_____   _____

Bei Bedarf mit Plättchen arbeiten **2** Bilder zu den Aufgaben bewusst thematisieren **3** Weitere Aufgabenfamilien mit Plättchen legen und lösen **4** Weitere Einmaleinsreihen mit Aufgaben und Ergebnissen aufschreiben

Sachrechnen: Kombinieren

1 Ina baut Türme aus 3 Bausteinen.
Wie können die Türme aussehen?
Male verschiedene Möglichkeiten auf.

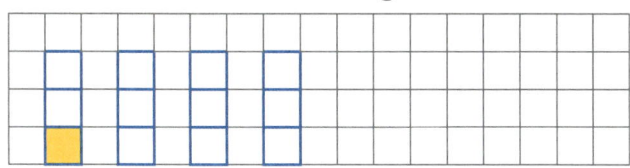

2 Nino überlegt, was er anzieht.

Male verschiedene Möglichkeiten.

3 Lisa überlegt, was sie anzieht.

Male verschiedene Möglichkeiten.

1 Steckwürfel zum Probieren verwenden **2 und 3** Hosen und T-Shirts auf Zettel skizzieren und unterschiedlich zusammenlegen, dann erst im Heft zeichnen; nach weiteren Möglichkeiten suchen

59

Wiederholung

1 Ordne die Aufgaben den Bildern zu. Löse sie.

4 · 3 = _____

5 · 6 = _____

2 · 7 = _____

3 · 9 = _____

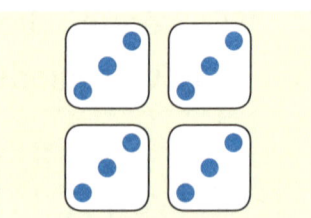

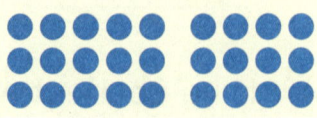

2 Löse die Schlüsselaufgaben.

a)   1 · 3 = _____
     2 · 3 = _____
    10 · 3 = _____
     5 · 3 = _____

b)   1 · 6 = _____
     2 · 6 = _____
    10 · 6 = _____
     5 · 6 = _____

c)   1 · 9 = _____
     2 · 9 = _____
    10 · 9 = _____
     5 · 9 = _____

3 Teile auf.

a)

15 : 3 = __

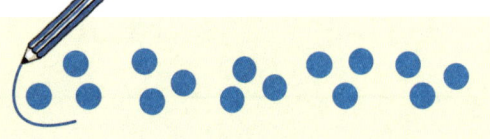

b)

14 : 7 = __

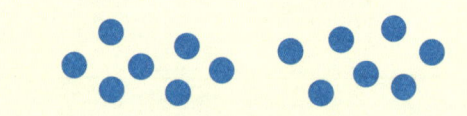

4 Simon überlegt, was er anzieht.

Male verschiedene Möglichkeiten.

Diese Seite als Diagnoseinstrument einsetzen und selbstständig bearbeiten lassen, danach Lösungen erklären lassen.

Entdeckungen mit dem Spiegel

1 Finde das Spiegelbild. ☒

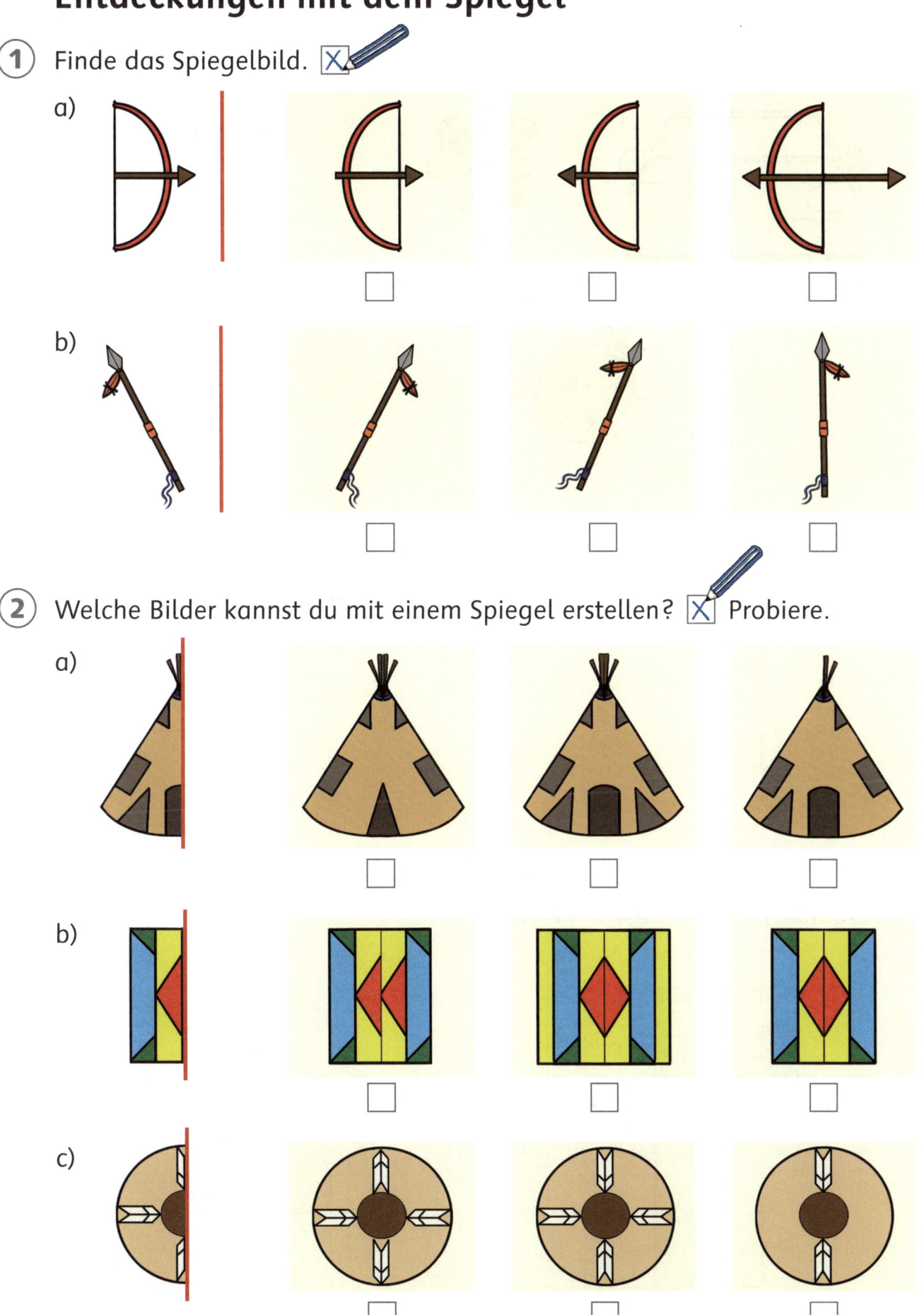

a)

     ☐   ☐   ☐

b)

     ☐   ☐   ☐

2 Welche Bilder kannst du mit einem Spiegel erstellen? ☒ Probiere.

a)

     ☐   ☐   ☐

b)

     ☐   ☐   ☐

c)

     ☐   ☐   ☐

Symmetrische Figuren

1 Welche Bilder sind symmetrisch? ☒ Prüfe mit einem Spiegel.

2 Welche roten Linien sind Spiegelachsen? ☒ Prüfe mit einem Spiegel.

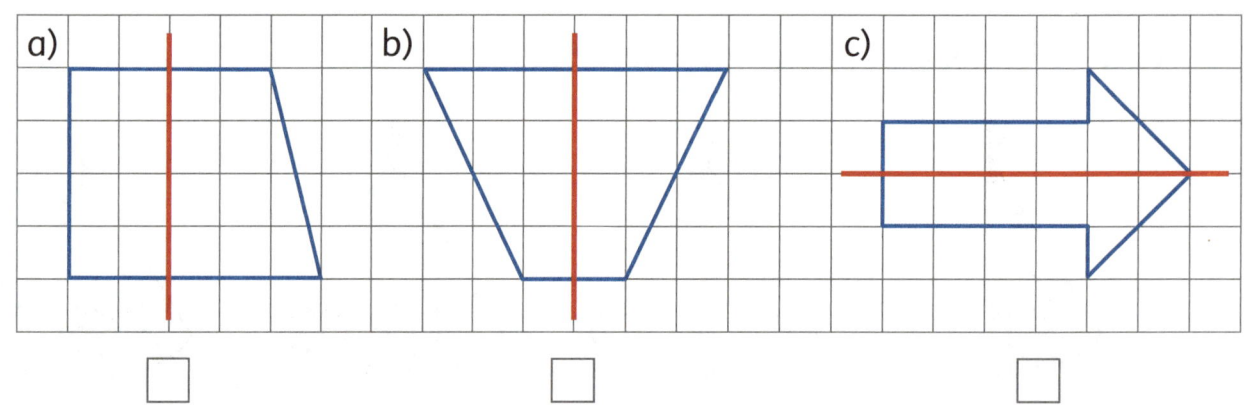

3 Ergänze zu symmetrischen Figuren.

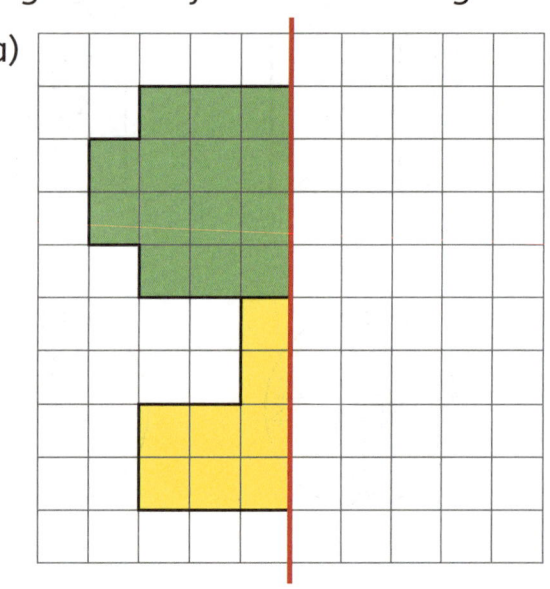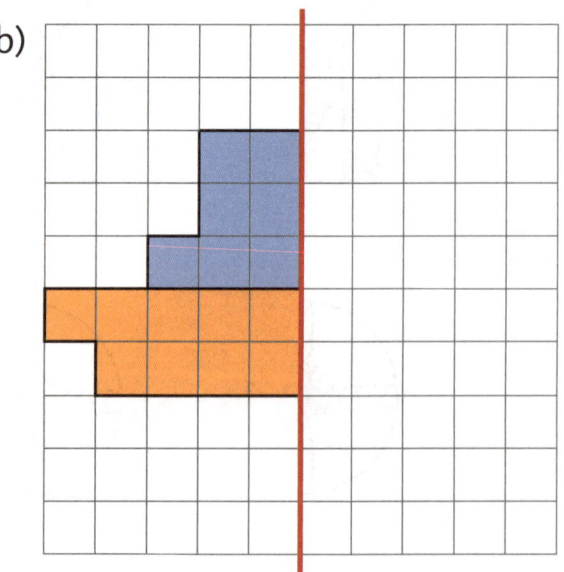

1 Gegenstände der Umgebung auf Symmetrie hin betrachten; Strategie des Faltens/
Klappens besprechen; diskutieren, weshalb Gegenstände symmetrisch sind
2 Geometrische Figuren auf Symmetrie untersuchen 3 Weitere Bilder im Raster gestalten

Addieren und subtrahieren (I)

(1)

a) 29 + 3 = ____

38 + 4 = ____

47 + 5 = ____

56 + 6 = ____

b) 29 + 12 = ____

38 + 13 = ____

47 + 14 = ____

56 + 15 = ____

 32, 41, 42, 51, 52, 61, 62, 71

(2)

Ich ergänze. Von 26 bis 28 fehlen 2.

a) 28 − 26 = _2_

37 − 36 = __

45 − 43 = __

54 − 52 = __

b) 20 − 19 = __

30 − 29 = __

41 − 39 = __

51 − 49 = __

(3) Rechne und male.

| 49 + 2 | 39 + 3 | 29 + 13 | 28 + 14 | 51 − 2 |

| 41 − 3 | 39 + 12 | 61 − 12 | 51 − 13 |

| 38 + 13 | 52 − 14 | 62 − 13 |

(4) a)

b)

c)

Bei Bedarf mit Material legen und dazu sprechen **1 und 2** Strategien „Zum Zehner und dann weiter", „Zuerst die Zehner, dann die Einer" und „Ergänzen" thematisieren; bewusst machen, wann welche Strategie günstig ist

63

Addieren und subtrahieren (II)

1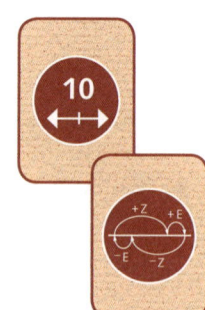

a) 19 + 3 = _____   b) 21 – 3 = _____   c) 31 – 12 = _____

    28 + 4 = _____   32 – 4 = _____   42 – 13 = _____

    39 + 15 = _____   43 – 5 = _____   53 – 14 = _____

    48 + 23 = _____   54 – 6 = _____   64 – 15 = _____

18, 19, 22, 28, 29, 32, 38, 39, 48, 49, 54, 71

2

29 + 2 = 31

a)

+	2	13	24
29	31		
38			

b)

–	2	13	24
31			
42			

3 Rechne und setze fort.

a) 35 + 11 = 46   b) 19 + 13 = 32   c) 39 – 15 = 24

    36 + 12 = _____   29 + 13 = _____   38 – 14 = _____

    37 + 13 = _____   39 + 13 = _____   37 – 13 = _____

    38 + _____ = _____   49 + _____ = _____   36 – _____ = _____

4

Vorsicht, 4 Fehler!

a) 26 + 4 = ~~29~~ _30_   b) 22 – 3 = 19 _____

    35 + 3 = 38 ✓   33 – 4 = 37 _____

    28 + 14 = 41 _____   38 – 12 = 26 _____

    39 + 15 = 54 _____   41 – 15 = 27 _____

5  Schreibe deine Lieblingsaufgaben auf.

_____   _____   _____

Bei Bedarf mit Material arbeiten und dazu sprechen **4** Fehler erklären: Verzähl-Fehler,
falsche Rechenoperation **5** Lieblingsaufgaben beschreiben und vorrechnen

Multiplizieren und dividieren (I)

1 Schreibe zu jedem Bild 2 Aufgaben. Rechne.

a)

_____

_____

b)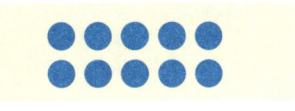

_____

_____

c)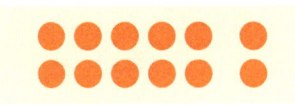

_____

_____

2 Rechne Aufgabe und Tauschaufgabe.

a)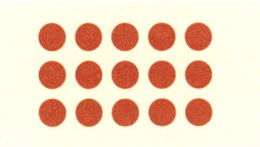

$3 \cdot 5 =$ _____

_____

b)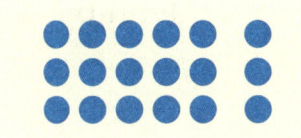

$3 \cdot 6 =$ _____

_____

3 Teile auf.

a)
| 10 : 2 = ___ |

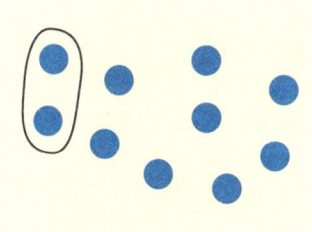

b)
| 15 : 3 = ___ |

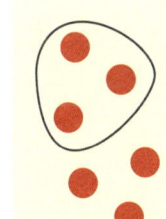

c)
| 16 : 4 = ___ |

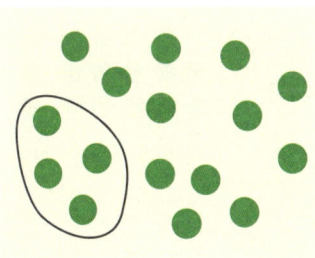

4 Welche Ergebnisse gehören zum Einmaleins der 3?
Male an. Schreibe die Aufgaben mit Ergebnis auf.

| 4 | 6 | 15 | 12 | 10 | 9 | 18 |

$2 \cdot 3 =$ _____

_____

_____

_____

5 Stelle ein Legespiel für eine Einmaleinsreihe her.

 4 · 5   20

1 bis 3 Punktefelder mit Plättchen legen, daran verschiedene Mal- und Geteiltaufgaben zeigen;
zu Punktefeldern Zeichnungen erstellen und Punkte passend zu Aufgaben einkreisen
4 und 5 Für weitere Malfolgen selbst Aufgaben in Partnerarbeit erstellen

65

Multiplizieren und dividieren (II)

1 Kreise ein. Rechne Aufgabe und Umkehraufgabe.

a)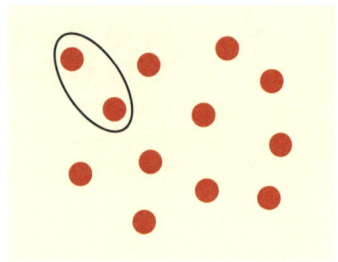

12 : 2 = _____

denn 6 · 2 = _____

b)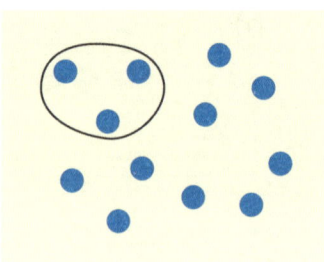

12 : 3 = _____

denn 4 · 3 = _____

c)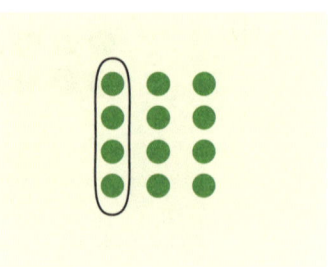

12 : 4 = _____

denn 3 · 4 = _____

2 Rechne Aufgabe und Umkehraufgabe.

a)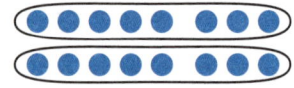

16 : 8 = _____

denn 2 · 8 = _____

b)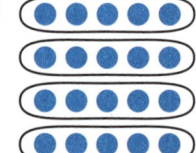

20 : _____ = _____

denn _____

3 Rechne zu jedem Punktefeld die Aufgabenfamilie.

a)

3 · 6 = _____

6 · 3 = _____

18 : 6 = _____

18 : 3 = _____

b)

4 · 6 = _____

_____

_____

_____

4 Lisa hat für Jojo Leckerlis gekauft.

Wie viele Leckerlis hat Jojo?

_____

Jojo hat _____ Leckerlis.

5 Schreibe weitere Malaufgaben und Geteiltaufgaben auf. Löse sie.

1 bis 3 Punktefelder mit Plättchen legen, daran verschiedene Mal- und Geteiltaufgaben
zeigen, Zusammenhänge erklären; zu Punktefeldern Aufgabenfamilien erstellen
5 Mal- und Geteiltaufgaben aufschreiben und mit Material legen

Teilen mit Rest

1

Nina und Simon können ＿＿＿ Tüten füllen. Es bleiben ＿＿＿ Pfirsiche übrig.

2 Es sind 14 Pfirsiche. Ergänze. Wie viele Pfirsiche bleiben übrig?

a)

Nina füllt __ Tüten.

Es bleiben __ Pfirsiche übrig.

b)

Ich packe immer 5 in eine Tüte.

Simon füllt __ Tüten.

Es bleiben __ Pfirsiche übrig.

3 Teile auf. Wie viel bleibt übrig?

a)

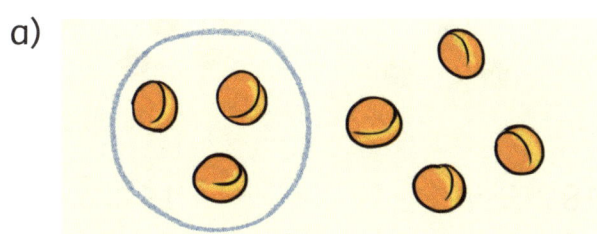

$7 : 3 =$ ___ Rest ___

b)

$8 : 3 =$ ___ Rest ___

4 Teile auf. Wie viel bleibt übrig?

a)

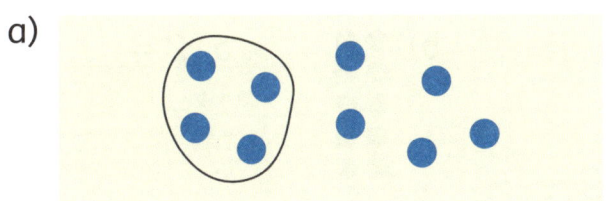

$9 : 4 =$ ___ R ___

b)

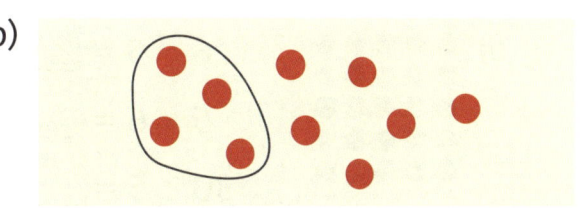

$10 : 4 =$ ___ R ___

Situationen mit Plättchen oder passenden Gegenständen durchspielen; Notation üben
3 und 4 Zu weiteren Geteiltaufgaben Zeichnungen erstellen und Punkte passend einkreisen

67

Wiederholung

①

a) 25 + 13 = _38_ b) 19 + 14 = ____ c) 31 – 11 = ____

24 + 14 = ____ 29 + 14 = ____ 31 – 12 = ____

23 + 15 = ____ 39 + 14 = ____ 31 – 13 = ____

② a)

18 2 19

b)

23
15 13

c)

24
10 17

③ Teile auf. Rechne Aufgabe und Umkehraufgabe.

a)

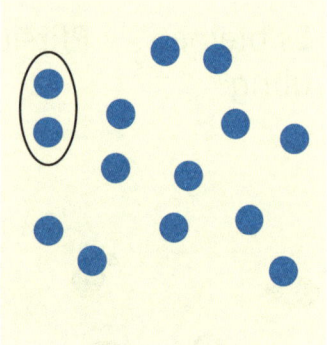

14 : 2 = ____

denn 7 · 2 = ____

b)

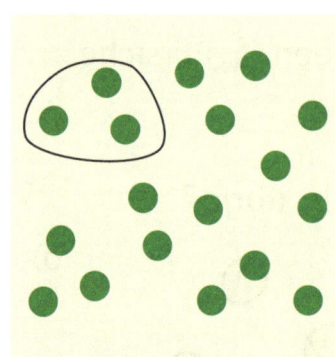

18 : 3 = ____

denn 6 · 3 = ____

c)

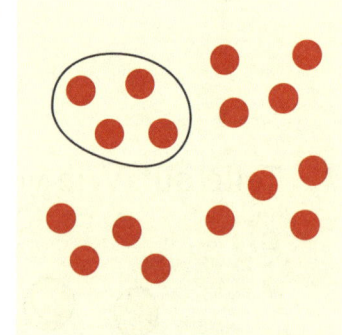

16 : 4 = ____

denn 4 · 4 = ____

④ Rechne zu jedem Punktefeld die Aufgabenfamilie.

a)

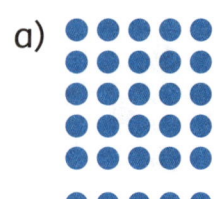

6 · 5 = ____

5 · 6 = ____

30 : 5 = ____

30 : 6 = ____

b)

_6 · 2 =_ _____

_____

_____

_____

Diese Seite als Diagnoseinstrument einsetzen und selbstständig bearbeiten lassen, danach Lösungen erklären lassen.

100 und mehr

1 Wie viele einzelne Dinge sind es? Verbinde.

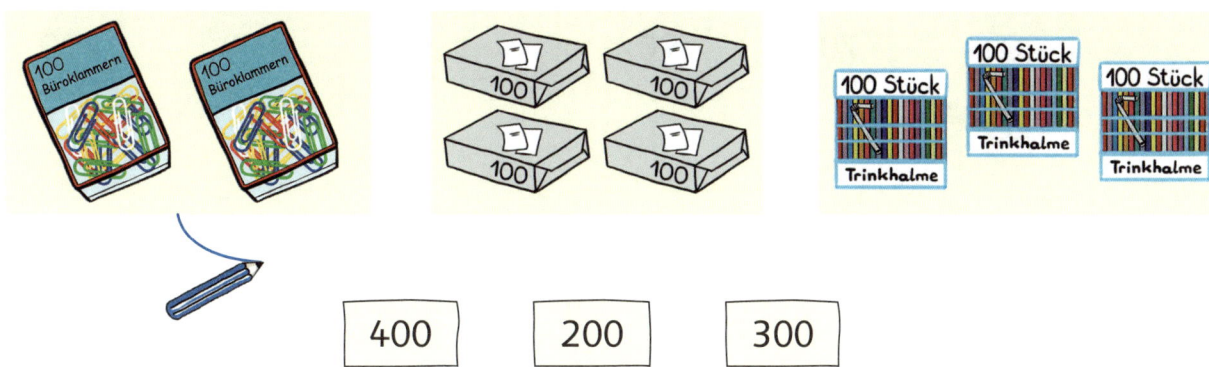

400   200   300

2 Wie viele Punkte sind es?

a) _____ Punkte

b) _____ Punkte

c) _____ Punkte

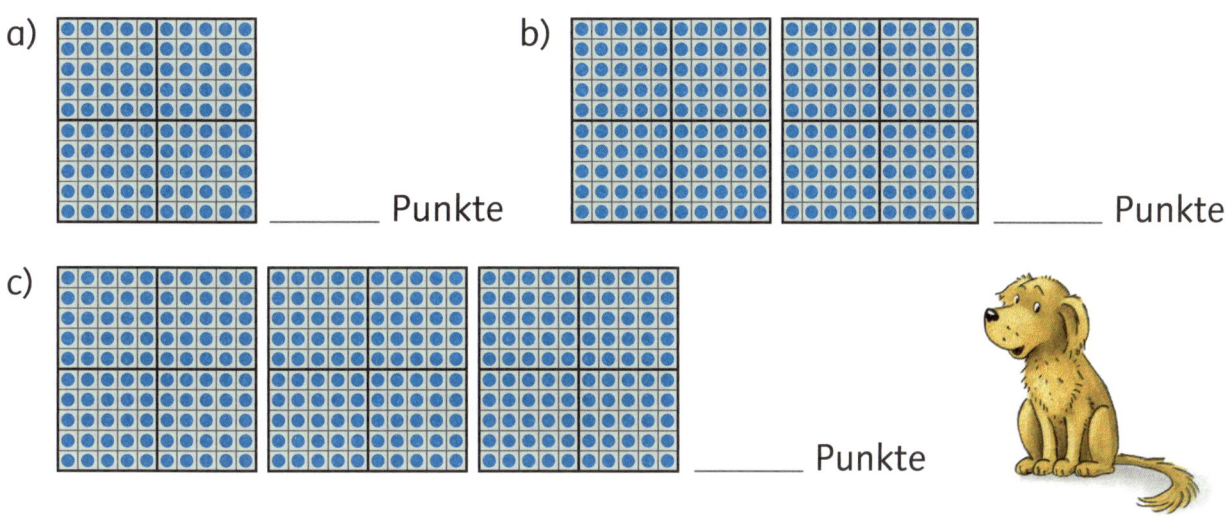

3 Wie viele Punkte sind es?

a) _____ Punkte

b) _____ Punkte

c) _____ Punkte

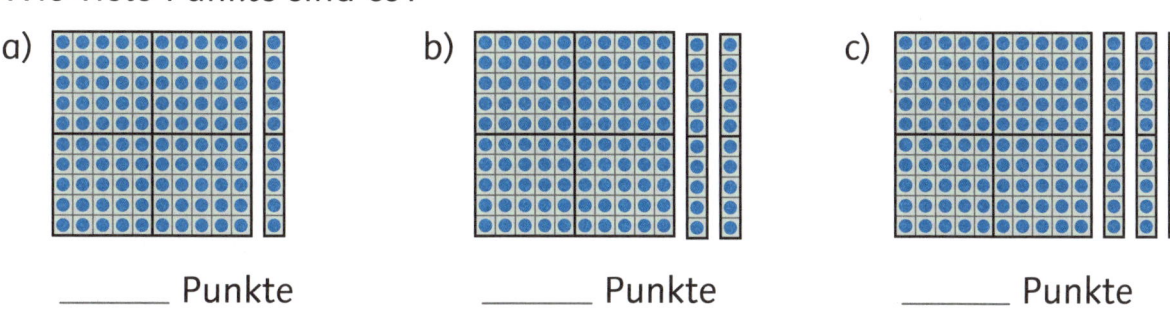

4 Wie viel Euro sind es?

a) Es sind _____ Euro.

b) Es sind _____ Euro.

c) Es sind _____ Euro.

1 Geschicktes Zählen besprechen 2 und 3 Mit Material arbeiten, weitere (An-)Zahlen legen und
bestimmen 4 Mit Rechengeld arbeiten und weitere Beispiele finden

69

Der Zahlenraum bis 200

1 Verbinde.

| 20 | 70 | 90 | 120 | 170 | 190 |

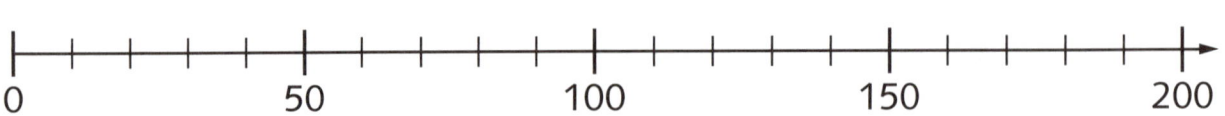

2 Setze die Reihen fort.

a)   10, 20, 30, _____ , _____ , _____ , _____ , _____ , _____ , _____

b)   110, 120, 130, _____ , _____ , _____ , _____ , _____ , _____ , _____

3 Lege und vergleiche. Setze < oder > ein.

a)

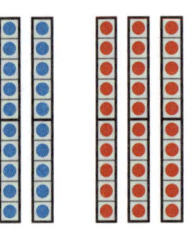

20 ◯ 30

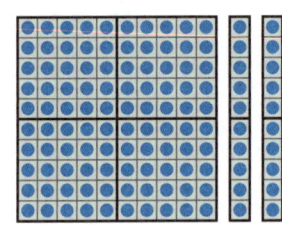

120 ◯ 130

b)

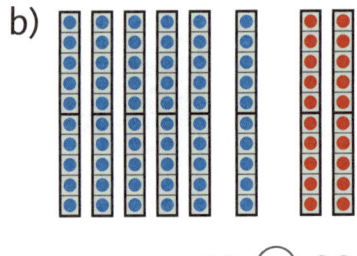

60 ◯ 20

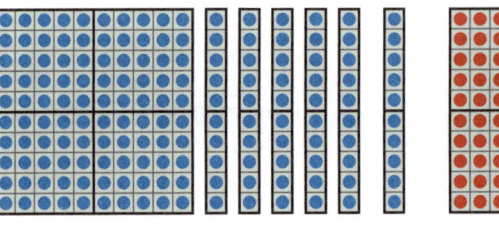

160 ◯ 120

1 Anordnung der Zahlen am Zahlenstrahl erkunden und Beziehungen zwischen dem Zahlenraum bis 100 und bis 200 entdecken 2 Die erkannten Beziehungen zum Fortsetzen von Reihen nutzen 3 Bei Bedarf mit Material arbeiten und weitere Beispiele finden

Reise in die Klasse 3

1

100 — 200 — [ ] — 400 — 500 — [ ] — [ ] — [ ] — 900 — 1000

100
80 + ___
40 + ___
50 + ___
10 + ___

1 · 3 = ___
2 · 3 = ___
10 · 3 = ___
5 · 3 = ___

49 + 3 = ___
32 − 4 = ___
26 + 26 = ___
51 − 23 = ___

36 + 2 = ___
61 + 4 = ___
28 − 3 = ___
47 − 5 = ___

Station: 3. Klasse

2 · 4 = ___
4 · 4 = ___
10 · 5 = ___
5 · 5 = ___

Station: 2. Klasse

2

| 12 | 15 | 21 | |

3 · 7   12 : 2   18 : 3   5 · 3   30 − 15   3 · 4

2 · 3   7 · 3   12 + 9   24 − 12   2 · 6   3 · 5

Diese Seite als Diagnoseinstrument einsetzen und selbstständig bearbeiten lassen, danach die Lösungen erklären lassen. Dann kann man darüber reflektieren, was alles geschafft wurde bzw. wo es noch Unsicherheiten gibt.

Jo-Jo

Mathematik 2
Arbeitsheft Fördern

Herausgegeben von	Dr. Andrea Schulz
Erarbeitet von	Dr. Lorenz Huck, Jana Köppen, Dr. Andrea Schulz (Mitarbeiter/-innen der Duden Institute für Lerntherapie)
Redaktion	Agnetha Heidtmann
Illustrationen	Doris Umschaden (Kinder und Hund nach Entwürfen von Imke Sönnichsen-Kerres), Imke Sönnichsen-Kerres (Jojo)
Grafik	Christine Wächter
Umschlagillustration	Doris Umschaden, Barbara Jung
Gesamtgestaltung und Layoutkonzept	Heike Börner
Layout und technische Umsetzung	Cornelia Liersch, Mega 14

Bildnachweis: S. 12, 13, 49, 69 Euroscheine und -münzen: Cornelsen Verlag/Christine Wächter, Berlin
S. 31 (Notausgang) Shutterstock/Photoonlife; (Gefahrensymbol Leicht-/Hochentzündlich) Shutterstock/Creation; (Zulässige Höchstgeschwindigkeit 30) Fotolia/fotohansel; (Vorfahrt gewähren) Fotolia/WoGi; (Erste Hilfe Rettungszeichen) Fotolia/fotohansel; (Beginn eines verkehrsberuhigten Bereichs) Fotolia/euthymia

www.cornelsen.de

1. Auflage, 3. Druck 2020

Alle Drucke dieser Auflage sind inhaltlich unverändert und können im Unterricht nebeneinander verwendet werden.

© 2018 Cornelsen Verlag GmbH, Berlin

Das Werk und seine Teile sind urheberrechtlich geschützt. Jede Nutzung in anderen als den gesetzlich zugelassenen Fällen bedarf der vorherigen schriftlichen Einwilligung des Verlages. Hinweis zu §§ 60a, 60b UrhG: Weder das Werk noch seine Teile dürfen ohne eine solche Einwilligung an Schulen oder in Unterrichts- und Lehrmedien (§ 60b Abs. 3 UrhG) vervielfältigt, insbesondere kopiert oder eingescannt, verbreitet oder in ein Netzwerk eingestellt oder sonst öffentlich zugänglich gemacht oder wiedergegeben werden. Dies gilt auch für Intranets von Schulen.

Druck: Athesiadruck GmbH

ISBN 978-3-06-082265-2

PEFC zertifiziert
Dieses Produkt stammt aus nachhaltig bewirtschafteten Wäldern und kontrollierten Quellen.

www.pefc.de

PEFC/18-31-166